「ようこそ！　スパイスの香りただよう、魅惑のインド料理の世界へ」、なんていったら、せっかくこの本を開いてくださったかたも、パタンと閉じてしまいますよね。

でもちょっと待ってください。これから僕、ナイル善己が紹介するインド料理は、マニアックな世界ではありません。もちろん正真正銘のインド料理ですが、それはごく当たり前に肉や魚、野菜をおいしく食べる術です。土地土地で採れたもののおいしさを引き出して料理すること、これってどの国にもある考え方だと思いませんか？

日本でよく知られているインド料理は、北インドのパンジャブ地方の宮廷料理。肉中心で、乳製品を使用したこっくりとした味わいが特徴です。でもインド料理はそれだけではありません。南インドの料理は魚介や野菜中心で、酸味と辛みが立ったさらりとした味わい。北と南でずいぶん違うんですよ。最近は日本でも、南インド料理を供する店が増えつつあります（余談ですが、僕の祖父は南インド出身。そのせいか、僕は南インド料理が大好きです）。そしてここ数年、スパイス料理は人気があるようで、あちらこちらの料理教室に呼んでいただきます。それでもやっぱりまだ、インド料理はスパイスを複雑に組み合わせて作る特別なもの、というイメージが強く、家庭では敬遠されがちですよね。どうしても日本人は、スパイスの組み合わせにこだわっている気がします。そもそもスパイスって素材をおいしく食べるために用いるもの。だからスパイス同士の相性より、肉や魚、野菜との相性なんです。そんなふうにインド料理を、「やさしく」解釈しはじめると、インド料理って意外と簡単なルールの上に成り立っていることがわかります。

インド人のＤＮＡを持ちつつ、日本で生まれ育った僕だからこそ、わかりやすく整理してお伝えできるのではないか、そう思う今日この頃です。

まずはじめに、インド料理のおいしい法則を明かしましょう。

「味のもと」＋「具」、これがインド料理。

インド料理って難しい？　いろいろなスパイスを使うから複雑？　いえ、そんなことはありません。確かにスパイスは何種類も使います。スパイスなくしてインド料理とはいえません。料理も味わいも、さまざまです。でも極論をいうなら、基本の作り方は一つ。まず「味のもと」を作り、肉・魚介・野菜などの「具」と合わせて完成。「味のもと」＋「具」、これがインド料理なのです。

では、「味のもと」とはいったい何でしょう。にんにくやしょうが、青唐辛子などの香味野菜やスパイス、塩などを混ぜ合わせたものを指し、役割は「具」のおいしさを引き出すこと。ですから、「具」によって、使う香味野菜やスパイスは変わります。「マサラ」という言葉を聞いたことはありませんか？　インドではいろいろなものを混ぜ合わせたものを、全般に「マサラ」と呼びます。この「マサラ」がまさに「味のもと」。インド料理＝「マサラ」＋「具」、ということですね。

「味のもと」＋「具」の調理方法は、大きく3つあります。

一．炒めたり混ぜ合わせたりした「味のもと」に、「具」を加えて火を入れる方法。

二．加熱した「具」に、混ぜ合わせた「味のもと」を加える方法。

三．混ぜ合わせた「味のもと」で「具」をマリネし、「味のもと」ごと加熱する方法。

もちろん例外はありますが、この本でご紹介する料理の7割が一番目の方法です。とくにカレーのほとんどは、これに当たります。

インド料理って、意外と単純だと思いませんか？

インド料理の定番パターン

本書に掲載したほとんどの料理は、大きく３ステップで作ることができます。右ページで紹介した１番目の手順を、「アルーマサラ（→p.72）」を例に説明します。使う鍋やフライパンも、最大で２つあれば充分です。

味のもとを作る

香味野菜を炒め、パウダースパイスと塩を加えて焦げないように炒めて「味のもと」を作る。料理によっては、トマト、カシューナッツ、豆なども入れる。

具を加える

下準備しておいた「具」を投入し、「味のもと」と炒め合わせる。炒めにくければ水少量を足してなじませる。

一緒に加熱

「味のもと」に何かを加えたら、そのつど強火にしてきっちり加熱する。そうすることで味がなじみ、腐敗防止にもなる。

完成！

調味料は塩だけです。だしもいりません。

使う調味料は塩だけで、だしもスープも使わない。それが、インド料理です。

　アジアの料理は日本の味噌、タイのナンプラー、ベトナムのニョクマムなど、発酵食品の旨みと塩味《えんみ》でおいしさを補うことが多いので、大変珍しいことです。

　だからといって、どれも同じような味になるわけではありません。スパイスは塩味をともなわないからこそ、ストレートに食材から旨みを引き出すことができます。そこに油脂などでコクをつけて味に変化をつけていきます。たとえば玉ねぎやトマトをしっかり炒めて香ばしさや甘みを立たせる、生クリームやココナッツミルク、カシューナッツなどで旨みとコクをつける、ヨーグルトで酸味と旨みをつけるなど、料理によって使い分けます。

　そして大切なのは、しっかりと塩をきかせること。塩しか使わないから、塩味が弱いとぼんやりとしてスパイスも生きません。必ず最後に味をみて塩で調整すること。これに尽きます。

　このように、食材がもたらす旨み要素だけで料理を作るということは、インドに多い宗教上の食品規制がある人々にとっても非常に大切です。たとえばベジタリアンに魚で作るナンプラーで味つけすることも、ヒンドゥー教徒に牛のだしで旨みづけすることも防ぐことができるのですから。

OXO
cups
oz
2
3/4
1/2
1/4
16
14
12
10
8
6
4

味や南北の違いを決めるのはスパイス。

最後に、スパイスについてご説明しましょう。

インド料理を作るためには、何種類のスパイスが必要だと思いますか？　スーパーの陳列棚を思い浮かべると、ため息が出るほど豊富に並んでいます。でもなかには同じスパイスの「粒」状と「粉」状という、形の違いだけという場合もあります。

一般に粒状を「ホールスパイス」、粉状を「パウダースパイス」と呼び、それぞれ役割が異なります。ホールスパイスは特に、南インドと北インドで使うタイミングと効果が大きく違います。

北インドでは、使うタイミングは最初。ホールスパイスを油で炒めて香りを移し、その香り油に他の材料を加えて料理を作っていきます。この最初に使うスパイスを「スタータースパイス」といい、定番はカルダモン・クローブ・シナモン・ベイリーフ。とくにこれら4種を同時に使うときは、まとめて「ホールガラムマサラ」とも呼びます。粒のミックススパイスという意味です。

南インドでは、使うタイミングは最後。小さなフライパンでホールスパイスを油で炒め、その香り油をスパイスごと料理にジャッと加えてなじませ、仕上げます。この作業を「テンパリング」と呼び、定番はマスタードシード・赤唐辛子・カレーリーフの3種。玉ねぎなどの香味野菜や豆を一緒に入れることもあります。

この南北の違いは、気候の違い、ひいては食材の違いによるところが大きく影響しています。日本でも、北海道と沖縄では採れる野菜やよく食べる食材、味つけなどが違いますよね。それと同じです。北インドは鶏肉、マトンが中心。冬季は肌寒いので、体を温める乳製品もよく食べます。南インドは魚介、野菜中心で、暑さをしのぐために辛み、酸味の強いものを食べます。ゆえにそれぞれの食材を生かすスパイスが選ばれ、香りを引き出すのに最適な方法で調理されてきたわけです。

一方パウダースパイスは、南北ともに共通で、使うのは主に8種類。使い方も同じです。しっかりと炒めて、眠っていた香りをふわっとよみがえらせる、これに尽きます。これで仕上がりの香りを補い、とろみも作ります。

さて、ここまでで登場したスパイスは計15種。複雑に見えるスパイス使いも、これで攻略できます。

スパイスの分類と使い方

スパイス

●パウダースパイス

南北共通

炒めて香りをよみがえらせる

香りを補い、とろみづけにもなる。料理によって数種のスパイスを加え、20～30秒ほど油で炒めることによって香りをよみがえらせる。このとき弱火が鉄則。焦げると苦みがでてしまうので注意。

■ホールスパイス

南

最後に油に香りを移す

辛みが立った刺激的な味わいになる。小さいフライパンに油を軽く温め、マスタードシードを加えて蓋をし、はねがおさまったら残りの材料を加え、軽く色づくまで炒め、料理の仕上げに加えてなじませる。

北

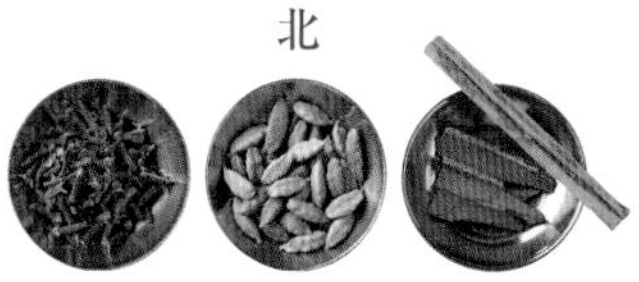

最初に油に香りを移す

肉の臭みを消し、料理全体に香りをつける。油を軽く温め、カルダモン、クローブ、シナモン、ベイリーフを香りが立つまで炒める。料理によって、このうち1～2種のみ使う場合もある。

この本の決まりごと

作り慣れない料理に挑戦するときは、まず材料を揃えて計量し、レシピを読んで理解してから調理を始めるのが基本です。その際、本書の決まりに目を通してから、各料理ページを読むと、より理解が深まり、失敗せずにおいしく作れます。

よく使う材料の基本分量と切り方

※分量はすべて、皮やヘタなどを取り除いた正味の重量で表示しています。

しょうが

（皮をむいたもの）

1かけ
8g

↓

みじん切り

※あまり神経質に
切り揃えなくてもOK。

せん切り

※あまり神経質に
切り揃えなくてもOK。

にんにく

（薄皮をむいたもの）

1かけ
10g

↓

みじん切り

※あまり神経質に
切り揃えなくてもOK。

せん切り

※あまり神経質に
切り揃えなくてもOK。

玉ねぎ

（皮をむき、ヘタを切り落としたもの）

1個
180g

↓

みじん切り

薄切り

鶏もも肉

（皮をむいたもの）

1枚
200g

↓

一口大

トマト

（ヘタを切り落としたもの）

大1個
300g

↓

ざく切り

※皮も種も旨みを含むので
取り除かない。

青唐辛子

（ヘタを手で取ったもの）

1本
3g

↓

みじん切り

※縦半分に切り、
小口から
細かく切る。

斜め薄切り

本書の使い方

きちんとおいしく作るために、本書レシピの使いこなし方をご紹介します。

料理名について

大きな料理名は、現地の呼び名に基づく日本での一般的な呼び名です。よってヒンディー、英語のほか、各地の言葉が混じっています。その下にある小さな料理名は、イメージしやすいように日本語に意訳しています。日本語にないもの、意訳できないものはそのままです。青字で記したものは、料理名に含まれる単語の意味です。

盛り付け

でき上がり写真は盛り付け例です。材料表の分量と異なることがあります。

マークについて

PART 1のカレーレシピには2つのマークがついています。右は玉ねぎの炒め具合を4段階で、左は濃度を表すグレイビーを11段階で表示しています。カレー作りの目安にしてください。玉ねぎ炒めとグレイビーの詳しい解説は18ページ、22ページに掲載しています。

作り方について

・黄色くマーキングした部分は、作り方のポイントです。ここを守ると失敗せず、おいしい料理に仕上がります。

・インド料理の味を作る「味のもと」を赤字で表示しています。料理法のパターンがわかると、作業がスムーズです。

・鍋やコンロにはそれぞれクセや特徴があります。火力や加熱時間は状態を見ながら調整してください。

材料表について

・大さじは15mℓ、小さじは5mℓです。スパイスを計量するときは、くぼみの深いタイプの大さじ、小さじを使ってください。

・代用可能な食材があるものや、材料に説明が必要なものは、補足してあります。

・材料に切り方も記しています。インド料理はテンポが命。事前に計量し、切っておきましょう。

・スパイスはホールスパイスとパウダースパイスに分け、それぞれ使用量の多い順に並べています。

NAIR's advice

調理のコツや、ポイントについて、ナイルさんからのアドバイスです。なぜそうするとよいのかをきちんと説明しているので、自然とポイントを理解できます。料理によっては、背景をお話しすることも。おもてなしなどでインド料理をふるまうとき、会話のヒントにもなります。

道具について

・インド料理は炒め料理。カレーなど汁気のあるものも、炒めて作ります。その際の鍋は短時間で炒められ、強火でも焦げにくい、フッ素樹脂加工の薄手の鍋が向きます。鋳ものなどの厚手の鍋は、温度が上がりにくいので向きません。また、焦げないようにへらで鍋の側面をこそげながら炒めるには、口が広がった深めのフライパンがおすすめです。

・耐熱性のゴムべらを使用すると、スパイスで黄色く変色します。インド料理用を決めておくことをおすすめします。

PART 1

インドのカレー

スパイスの香りや刺激がクセになるインドのカレー。種類が多く、味わいもさまざまで、「作るのが難しい？」と思うかもしれませんが、基本の作り方はどれもほぼ同じ。肉や乳製品をよく使う北インド、魚や野菜をよく使う南インド、それぞれの違いも明確にしながらご紹介します。さぁ、スパイスカレー作りの方程式をマスターしましょう！

インドカレーをマスター!

カレーの基本手順

※北インドの作り方を例にしています。

切る・計量する

カレーは途中で火を止めることなくテンポよく作るのが大切。そのために最初に必ず行いたいことが、2つあります。まず、食材はすべて切っておくこと。そしてスパイスの計量。大さじ、小さじはくぼみの深いタイプを使います。計量したら白皿に並べると量り忘れません。

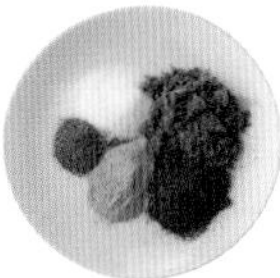

北インドのカレーは

ホールスパイスの香りを油に移す

鍋にサラダ油を入れて少し温めてからホールスパイスを加え、香りを油に移します。香りが移ったサインは、まずよい香りが立つこと。そして見た目にカルダモンがぷっくりふくらむ、クミンから細かい泡が出るなどが目安です。これは北インドの手法で、肉の臭み消しや全体の香りづけが狙いです。

玉ねぎを炒める

玉ねぎ、にんにく、しょうが、青唐辛子など香味野菜を強めの中火で炒めます。このとき、どのぐらい香ばしく炒めるのかが、カレーの味わいや色につながります(→p.18)。玉ねぎの切り方も仕上がりに影響します。北インドはみじん切りにし、とろみづけに。南インドは薄切りにし、さらさらの仕上がりが基本です。

インドカレーは炒めて炒めて炒めて、ちょっと煮る。これが基本です。ほとんどのカレーは、同じ順序でスパイスや香味野菜を加え、そのカレーに合った炒め具合になったところで、次のステップに進みます。北インド、南インドそれぞれに特徴的なプロセスがあります。そこにもぜひご注目！

トマトを炒める

トマトは旨みのもと。ざく切りにして加え、つぶしながら炒めます。北インドは形が残らないほどしっかり炒めて水分をとばし、旨みを凝縮させます。南インドはやや形が残る程度に炒め、トマトの酸味も残します。

パウダースパイスを炒める

香りを補い、とろみをつけるパウダースパイスを炒めます。スパイスは焦げると苦みが出るので、必ず弱火で手を休ませずに20～30秒間しっかり炒めましょう。パウダースパイスは加熱することで、香りがよみがえります。炒めにくいときは水を少量加えましょう。ほとんどのカレーで、このときに一緒に塩も加えます。

水を加えたらひと煮立ち

肉や魚、野菜など具を投入したら、必ず強火にしてひと煮立ち。水分を加えたときも強火にしてひと煮立ちが必要です。こうして鍋の中のものと味がなじんでから火を弱めて具に火を通します。生クリームやココナッツミルクなど分離する食品は、ふつふつと沸く程度が目安です。

最後は必ず味をみて、塩で調整を！

南インドのカレーは

ホールスパイスの香りを油に移す

小さなフライパンにサラダ油を温め、マスタードシードを加えて蓋をし、はねがおさまったらその他のホールスパイスを加えて香りを油に移します。これをカレーに加えて全体に混ぜてなじませて仕上げます。南インド特有の手法で「テンパリング」といい、刺激的なスパイスのフレッシュな辛みと香りをつけるのが目的です。

香ばしさと旨みを左右する玉ねぎ炒め

カレー作りは玉ねぎ炒めが命！　これはカレー好きでなくとも、ご存じのかたが多いことでしょう。厚手の鍋で弱火で2時間近くかけて、あめ色になって甘みが極限まで際立つように炒めたことがあるかもしれません。でも、インドカレーは違います。鍋はフッ素樹脂加工の鍋か深めのフライパンを使い、火加減は強めの中火、炒め時間は長くて約6分30秒。短時間でしっかり炒めます。最大の目的が、香ばしさを出すことだからです。その香ばしさがインドカレーのキリリとしたおいしさを作ります。

ただ、どのカレーも一律6分30秒とは限りません。玉ねぎの縁が色づく程度、明るめに色づく程度、などカレーによって微妙に変化させます。それができ上がりの色みやとろみに大きく影響します。例えば、ターメリックで美しい黄色をつける豆カレーでは、玉ねぎ炒めは縁が色づく程度。茶色く仕上がらないようにします。また玉ねぎを長く炒めるほどとろみもしっかりつくので、カレーのとろみ具合によっても、変化させます。

本書では、カレーレシピに玉ねぎ炒めレベルを示しています。左ページの玉ねぎ炒め例を参考にして、ちょうどよい炒め具合を目指してください。

玉ねぎ炒めレベル4段階

本書では、玉ねぎの炒めレベルを、色づき具合に応じて４段階で表示。カレーのレシピページには、最適な炒めレベルを表示しています。下の写真は、玉ねぎのみじん切り１個分を強めの中火で炒めたもので、玉ねぎが薄切りの場合も、同じ色づき具合を目指します。色づき具合は炒め時間に比例して濃くなりますが、体積はほとんど変わりません。※鍋の材質などによって炒め時間は異なります。玉ねぎの色に注目し、炒め時間は参考にしてください。

ここが違う！南北インドカレー

日本の面積の9倍ほどもある広大なインドでは、南と北とで気候がずいぶんと異なります。それが採れる食材や好まれる食材、使うスパイスの違いとなって、料理の味わいの違いにもつながっています。ここではインドカレーにおける南北の特徴を、5つの項目でご紹介します。

具

南

魚介・野菜
が中心

北

鶏肉・マトンなど
肉類が中心

北インドは海がない山岳地帯のため、肉類がメイン。またインド国民の8割以上がヒンドゥー教徒のため、牛肉や豚肉はあまり食べません。南インドは大半が海に面し、魚介類が豊富です。ベジタリアンも多いため、野菜や豆のカレーも多く見られます。牛肉や豚肉を使った地方色の濃いカレーもあります。

ホールスパイス

南

最後に使う

北

最初に使う

北インドは肉類中心なので、カルダモン・クローブ・シナモン・ベイリーフで油に香りを移し、肉の臭み消しに。そのまま料理を仕上げ、奥深い香りをつけます。南インドは暑いので、辛み、酸味の立った味が好まれます。最後にマスタードシード・赤唐辛子・カレーリーフで辛みと香りをつけた油を混ぜて（テンパリング）、仕上がりを刺激的に。辛みは煮込むと和らぐので、最後が鉄則です。

とろみ（グレイビー）

南

薄め。
ご飯になじんで
混ざりやすい

北

濃いめ。
パンにつけて
食べやすい

北インドは小麦の生産が中心なので、おのずと主食はパン。パンですくいやすいように、とろみのついたカレーがスタンダード。
南インドは米どころ。カレーはパラッとしたインディカ米にすーっとなじむ、とろみ少なめのさらさらタイプが中心です。

コク出し＆味わい

南

ココナッツ
ミルク

北

乳製品や
ナッツ

北インドは牛乳や生クリーム、バター、カシューナッツなどで旨みづけ、コク出しをします。寒い地方らしく、脂肪分で体を温めるという意味も。比較的辛みが穏やかでクリーミーな味わい。
南インドのコク出しはココナッツミルク。また酸味のスパイスとされるタマリンドや酢も火を入れると旨みに変わります。酸味や赤唐辛子の辛みの立った味わいが特徴です。

香味野菜の切り方

南

薄切りや
せん切り

北

みじん切り

北インドはみじん切りをしっかりめに炒めることで、カレーのとろみづけにも一役買っています。
南インドは薄切りやせん切りで、炒め方は北に比べて浅くフレッシュ感を大事にします。

インドカレーは とろみが大切

インドではカレーのとろみを「グレイビー」と呼び、グレイビーはカレーごとに決まっています。本書では、まったく濃度のないさらさら状のラッサム（↓p.56）をレベル0、とろりとして完全に具にからみつくアルーベイガン（↓p.35）などをレベル10にし、11段階で表示。以下にご紹介したカレーのグレイビーレベルをまとめます。

なお、ビーフやマトンのように長時間煮込むカレーではグレイビーが濃くなりがちなので、途中で水を足して調整してください。

10
- アルーベイガン（↓p.35）
- マドラスビーフ（↓p.47）

9
- チャナマサラ（↓p.33）
- ベイガンバルタ（↓p.34）
- サグパニール（↓p.36）
- サグチキン（↓p.37）

8
- チキンマサラ（↓p.24）
- マトンコルマ（↓p.30）
- ダールタルカ（↓p.38）

7
- ポークヴィンダルー（↓p.50）
- サンバル（↓p.52）

6
- キーママタール（↓p.28）
- コロンブ（↓p.57）

10

0 5 10

グレイビー
LEVEL10

アルーベイガン

各カレーのグレイビーレベル

0
ラッサム（→p.56）

1
オーラン（→p.54）

2
ベジタブルコルマ（→p.32）
ミーンモーリー（→p.44）

3
フィッシュカレー（→p.42）
ゴアンプロウン（→p.46）

4
ケララフィッシュ（→p.40）
ケララチキン（→p.48）

5
バターチキン（→p.26）
アーンドラチキン（→p.49）

青＝北インドのカレー
赤＝南インドのカレー
ピンク＝南北共通

0
0 5 10
グレイビー
LEVEL 0

さらさら

ラッサム

水の加えすぎに注意！

グレイビーを左右するのは水分量。濃すぎる場合は水を加えますが、その量は1回50～100㎖を目安にしましょう。一度に加える量が多すぎると必要以上に煮詰めることになり、具に火が入りすぎてしまいます。まただしを使わない分、水でいったん薄まると、たとえ煮詰めても旨みやコクが足りずおいしく仕上がりません。

チキンマサラ

チキンカレー

北インドらしいコクづけ素材のカシューナッツ、バター、牛乳を3つとも使った代表的なカレー。最初にマスターしたい定番の作り方です。ほどよい辛みで、パンにもご飯にも相性よし。

チキン＝鶏肉、マサラ＝複合スパイス。

北インドのカレー

バターや生クリームなどの乳製品や肉などをよく使った、動物性のコク豊かな味わいが特徴です。とろりとしたカレーも多く、パンとの相性ぴったり。

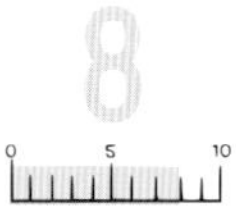

グレイビー
LEVEL 8

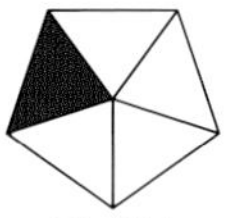

玉ねぎ炒め
LEVEL 4

材 料(4人分)

鶏もも肉(皮をむき、一口大に切る)		400g
A	玉ねぎ(みじん切り)	1個分
	にんにく(みじん切り)	1かけ分
	しょうが(みじん切り)	1かけ分
トマト(ざく切り)		1個分
カシューナッツ※1		50g
牛乳		100㎖
B	サラダ油	大さじ1
	バター	20g
水		300㎖
塩		適量

■ホールスパイス

カルダモン	5粒
クローブ	5粒
シナモン(皮片)※2	2片
ベイリーフ※3	1枚
カスリメティ(仕上げ用。あれば)	小さじ2

●パウダースパイス

コリアンダー	小さじ2
パプリカ	小さじ2
ターメリック	小さじ1/2
ガラムマサラ	小さじ1/2
カイエンヌペッパー	小さじ1/4

※1 塩味つきでもよい。
※2 シナモンスティック1本でもよい。
※3 ローリエで代用可。

NAIR's advice

北インドのカレーには、リッチな味に仕上がるカシューナッツをコク出しによく使います。ペースト状にして加えたらしっかり炒めることが大切。香ばしい香りが立って、焼き色がうっすらついたらOKです。またちょっと珍しいスパイス、カスリメティは手に入ればぜひ使ってください。押すようにもんで加えると、風味がしっかり出て本格的な味に仕上がります。細かく砕くのではありませんよ。

1.
カシューナッツは2〜3分ゆでで、牛乳とともにミキサーでペースト状にする。鍋にBを入れて軽く温め、バターが半分溶けたらカスリメティ以外のホールスパイスを加える。

2.
カルダモンがふくらんだらAを加え、強めの中火で、玉ねぎがしっかり色づくまで炒める。

3.
トマトを加えてつぶすようにして、水分をとばしながら炒める。

4.
ペースト状になったら弱火にし、パウダースパイスと塩小さじ1弱を加え、焦げないように20〜30秒炒め合わせる。

5.
スパイスが混ざってぽってりとまとまった状態。

6.
1のカシューナッツペーストを加え、中火でなじませる。焦げやすいので、鍋肌も木べらでぬぐいながら混ぜる。

7.
少し粘り気が出て、うっすら色づくまで炒め合わせる→これが「味のもと」。

8.
鶏もも肉、水を加え、カスリメティを手で押さえるようにもんで加え、強火でひと煮立ちさせる。弱火にして蓋をし、約10分煮る。塩で味をととのえる。

バターチキン

バター風味のチキンカレー

日本でも大人気の、チキンマサラと並ぶ2大北インドカレー。甘み、酸味、コクの三拍子揃った味は、クセになるおいしさです。辛みもしっかり立たせるのがコツ。

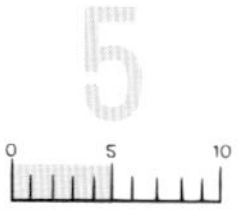

グレイビー
LEVEL5

材料(4人分)

A	鶏もも肉(皮をむき、一口大に切る)	400g
A	プレーンヨーグルト	大さじ3
B	にんにく(みじん切り)	1かけ分
B	しょうが(みじん切り)	1かけ分
	ホールトマト(缶詰)	400g
	青唐辛子※1(みじん切り)	2本分
	生クリーム	100mℓ
	砂糖	大さじ1
	バター	50g
	サラダ油	大さじ1
	水	200mℓ
	塩	適量

■ホールスパイス

カルダモン	5粒
クローブ	5粒
シナモン(皮片)※2	2片
ベイリーフ※3	1枚
カスリメティ(仕上げ用。あれば)	大さじ1

●パウダースパイス

ガラムマサラ	小さじ1
パプリカ	小さじ1
ターメリック	小さじ1/2
カイエンヌペッパー	小さじ1/4

※1 ししとうで代用可。
※2 シナモンスティック1本でもよい。
※3 ローリエで代用可。

NAIR's advice

日本のバターチキンは辛みの穏やかなタイプが多いですね。実はインドでは、今回のレシピのように辛みを立たせるのが一般的。甘みが引き立ち、メリハリのある味なんです。そしてもともとパンジャブ地方の上流階級の料理らしく、生クリームやバターをたっぷり使ってちょっと贅沢な感じです。ホールトマトを加えたり西洋色が強いので、僕は純粋なインド料理ではなく、西洋文化が混じった味だと思っているんです。

1.
ボウルにAを入れてよく混ぜ、冷蔵庫で1時間おく。

2.
鍋にバターを入れて軽く温め、バターが半分溶けたらカスリメティ以外のホールスパイスを加えて炒める。

3.
カルダモンがふくらんだら、Bを加えて軽く色づくまで炒める。

4.
ホールトマトを加えて強火にし、ひと煮立ちさせてなじませるように混ぜる。弱火にして蓋をし、15分ほど煮る。

5.
ボウルにざるでこし入れてなめらかにする→これが「味のもと」。

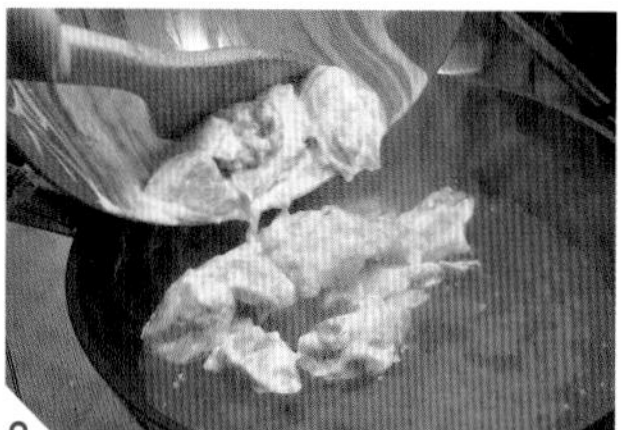

6.
別の鍋にサラダ油を入れて中火にかけ、青唐辛子を加えて軽く炒める。5と水を加えて強火でひと煮立ちさせ、1をマリネ液ごと、塩小さじ1弱、砂糖とともに加える。

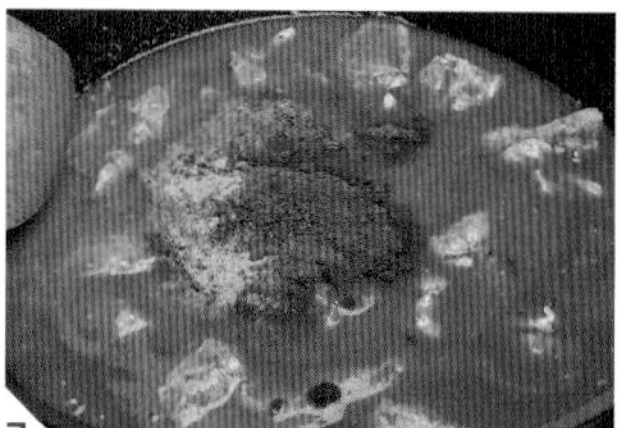

7.
ひと混ぜしてパウダースパイスを加え、ひと煮立ちさせる。弱火にして蓋をし、約10分煮る。

8.
生クリームを加え、カスリメティを押すようにもんで加え、中火でさっと煮る。塩で味をととのえる。

キーママタール

ひき肉のカレー

日本でも人気抜群のひき肉カレー。牛肉の力強い味にカシューナッツペーストのコクが加わって、リッチな味わいです。インドではマトン（インドではやぎのこと）で作るのが一般的。

キーマ＝ひき肉、マタール＝グリーンピース。

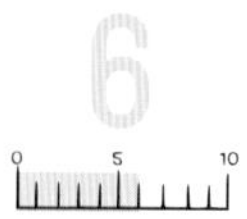

グレイビー
LEVEL 6

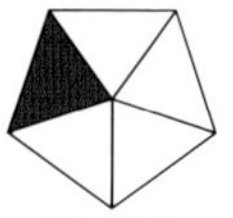

玉ねぎ炒め
LEVEL 4

材料（4人分）

牛ひき肉	350g
A 玉ねぎ（みじん切り）	1個分
A にんにく（みじん切り）	2かけ分
A しょうが（みじん切り）	1かけ分
A 青唐辛子※1（みじん切り）	3本分
トマト（ざく切り）	1個分
グリーンピース（水煮）	100g
プレーンヨーグルト（よく混ぜる）	大さじ2
カシューナッツ※2	20g
牛乳	40mℓ
水	200mℓ
サラダ油	大さじ3
塩	適量

■ホールスパイス

カルダモン	5粒
クローブ	5粒
シナモンスティック※3	1本

●パウダースパイス

コリアンダー	大さじ1
ガラムマサラ	小さじ1
カルダモン	小さじ1
ターメリック	小さじ1/2
カイエンヌペッパー	小さじ1/2

※1 ししとうで代用可。
※2 塩味つきでもよい。
※3 皮片2片でもよい。

NAIR's advice

牛ひき肉は加熱すると独特の甘い香りが立ってきます。その甘みと相性のよいスパイスがカルダモン。ホールとパウダーのダブル使いにして、ホールで香りを、パウダーで味を主張します。ここでも北のコク出しアイテム、カシューナッツが大活躍。ペーストを加えたら、粘り気と香りが出るまで、焦げないようにしっかり炒めましょう。

1.
カシューナッツは2～3分ゆで、ざるに上げて牛乳とともにミキサーで撹拌し、ペースト状にする。

2.
鍋にサラダ油を軽く温め、ホールスパイスを加えてカルダモンがふくらむまで炒める。

3.
Aを加えて強めの中火で、玉ねぎがしっかり色づくまで炒める。トマト、プレーンヨーグルトを加えて水分がとぶまで炒める。

4.
弱火にして1、パウダースパイス、塩小さじ1を加え、粘り気が出て、香ばしい香りが立つまで炒め合わせる→これが「味のもと」。

5.
牛ひき肉を加えて中火にし、軽く色づくまで炒める。

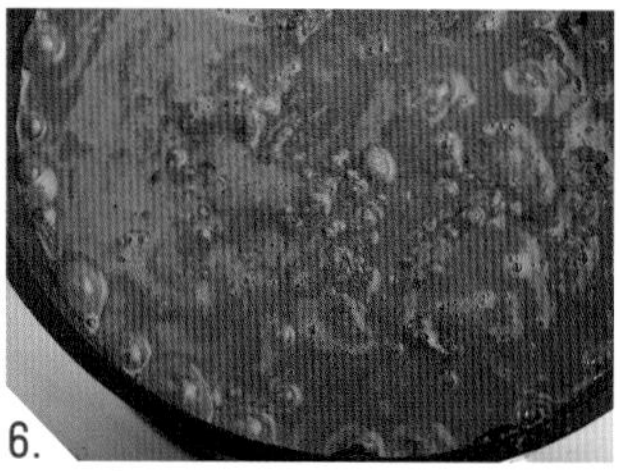

6.
水とグリーンピースを加えてひと混ぜし、強火でひと煮立ちさせる。蓋をして弱火でときどき混ぜながら約10分煮て、塩で味をととのえる。

マトンコルマ

羊肉のカレー

スパイスが少なめで、白っぽい色に仕上げるのがコルマ。羊肉の野性的な味わいが、ミントやクリーミーなソースとからんで絶品に。インドではやぎ肉で作ります。

マトン＝インドではやぎのこと。羊よりも臭みが少ない。コルマ＝牛乳や生クリームで煮る白いカレー。

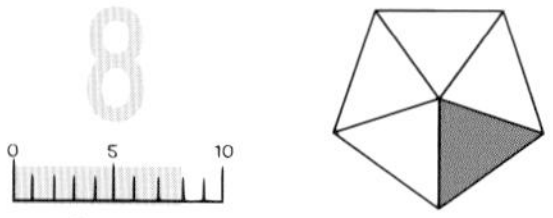

グレイビー LEVEL 8　　玉ねぎ炒め LEVEL 2

材 料(4人分)

マトン骨付きぶつ切りもも肉※1		500g
プレーンヨーグルト		大さじ4
A	玉ねぎ(みじん切り)	1個分
	にんにく(みじん切り)	2かけ分
	しょうが(みじん切り)	1かけ分
	青唐辛子※2(みじん切り)	3本分
ミント(粗みじん切り)		ひとつかみ
カシューナッツ※3		50g
牛乳		100mℓ
生クリーム		100mℓ
水		適量
サラダ油		大さじ3
塩		適量

■ホールスパイス

カルダモン	5粒
クローブ	5粒
シナモン(皮片)※4	2片
ベイリーフ※5	2枚

●パウダースパイス

コリアンダー	小さじ2
ガラムマサラ	小さじ1
ターメリック	小さじ1/4

※1 骨なしなら400g。
※2 ししとうで代用可。
※3 塩味つきでもよい。
※4 シナモンスティック1本でもよい。
※5 ローリエで代用可。

NAIR's advice

羊肉が苦手というかたも、臭み消しになる北のスタータースパイス4種やミントを使うので、意外と気になりません。カシューナッツペーストは加えるとはねるので気をつけましょう。濃度はマトンにからみやすいくらいに。長時間煮るので、煮詰まったら水を少し足して、様子をみてください。

1.
ボウルにマトン骨付きぶつ切りもも肉とプレーンヨーグルトを入れ、もみ込んで冷蔵庫で最低3時間、できればひと晩おく。

2.
カシューナッツは2～3分ゆで、ざるに上げて牛乳とともにミキサーで撹拌し、ペースト状にする。

3.
鍋にサラダ油を入れて軽く温め、ホールスパイスを加えてカルダモンがふくらむまで炒める。

4.
Aを加えて、強めの中火で玉ねぎが明るめに色づくまで炒め、弱火にしてパウダースパイス、ミント、塩小さじ1を加える。

5.
香りが立つまで炒め合わせる→これが「味のもと」。1を加えて強めの中火にし、全体になじませる。

6.
水600mℓを加えて強火にし、沸騰したら弱火にして蓋をし、約45分煮る。

7.
途中水分が足りなくなったら、そのつど水100mℓを数回足す。足したらなじませる。

8.
肉が柔らかくなったら、2、生クリームを加えて沸騰させずに10分、焦げないように混ぜながらなじませる。塩で味をととのえる。

ベジタブル コルマ

野菜のクリームカレー

玉ねぎやトマトは使わず、白くクリーミーに仕上げたカレー。たっぷり使った野菜の甘みも加わってマイルドな味わいです。

ベジタブル＝野菜、コルマ＝牛乳や生クリームで煮る白いカレー。

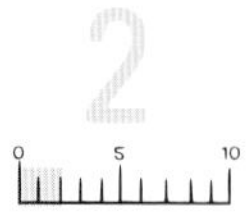

a.
ペーストを加えたら水分をとばすようにしっかり炒める。はねるので、蓋をしてもよい。

b.
蓋をして弱火で煮る。牛乳がたっぷり入るので、吹きこぼれに注意。

1. ボウルにペーストの材料を入れ、よく混ぜる。
2. 鍋にサラダ油を入れて軽く温め、ホールスパイスを入れて泡が立つまで炒め、1を加えて水分をとばすようにしっかりと炒める（a）→これが「味のもと」。
3. にんじんを加えて炒め、蓋をして弱火にし、ときどき鍋をゆすりながら3分蒸し炒めにする。残りの野菜も炒め合わせ、同様に7分蒸し炒めにする。
4. ボウルにAを入れて混ぜ合わせ、3に加えてよく混ぜる。強火にしてひと煮立ちさせてから弱火にし、蓋をして約10分煮る（b）。塩で味をととのえる。

NAIR's advice

これはインドカレーの基本手順（→ p.16）とちょっと違います。玉ねぎもトマトも使いません。パウダースパイスもにんにくやしょうがなどと混ぜてペーストにして、一気に加えるから、手間が少なくてすむんですよ。ペーストは少し水を加えるときれいに混ざりますが、油で炒めるときに水分がはねるので注意してください。野菜はほかにも、季節のものをお好みで組み合わせて作りましょう。

材 料（4人分）

- カリフラワー（小房に分ける）……300g（1株分）
- さやいんげん（3等分に切る）……1束分
- にんじん（縦4等分、4cm長さに切る）……1本分
- ペースト
  - 青唐辛子※（みじん切り）……2本分
  - しょうが（すりおろし）……小さじ1
  - にんにく（すりおろし）……小さじ1/2
  - 水……少量
  - ●パウダースパイス
    - コリアンダー……小さじ2
    - ガラムマサラ……小さじ1
    - ターメリック……小さじ1/3
    - カイエンヌペッパー……小さじ1/4
- A
  - 牛乳……400mℓ
  - コーンスターチ……小さじ1
  - 塩……小さじ1弱
- サラダ油……大さじ3
- 塩……適量

■ホールスパイス
- クミンシード……小さじ1

※ ししとうで代用可。

チャナマサラ

チャナ豆のカレー

北インドの豆カレーはバター入りでまろやか。豆は少しつぶしてとろり＆ほくほくするのが理想。豆のコクとトマトの酸味のバランスが絶妙です。

チャナ＝ひよこ豆、マサラ＝複合スパイス。

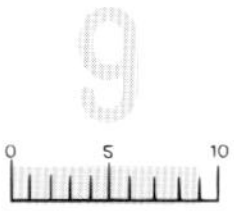

グレイビー
LEVEL 9

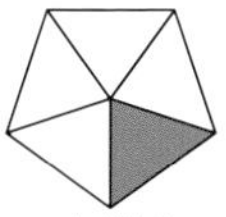
玉ねぎ炒め
LEVEL 2

a.
木べらでつぶしては、そのつど水分となじませる。

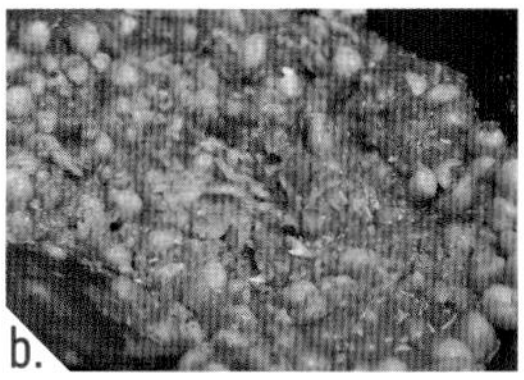
b.
だんだんつぶれた豆が水分を吸って、ぽってりとしてくる。

1. 豆は倍量の水に浸してひと晩おく。たっぷりの水で柔らかくなるまで1時間ほどゆで、ざるに上げて水気をきる。
2. 鍋にサラダ油を入れて軽く温め、ホールスパイスを加えて泡が立つまで炒め、Aを加えて強めの中火で玉ねぎが明るめに色づくまで炒める。
3. トマトを加えてペースト状になるまで炒め、弱火にしてパウダースパイス、塩小さじ1弱を加え、焦げないように20～30秒炒め合わせる→これが「味のもと」。
4. 1を加えて炒め合わせ、Bを加えて強火でひと煮立ちさせる。蓋をして弱火にし、約5分煮る。
5. 全体に混ぜながら豆の1/3量をつぶしてとろみをつけ（a、b）、塩で味をととのえて器に盛り、紫玉ねぎ、香菜を散らす。

NAIR's advice

インドの屋台でプーリーやパラタなどのパンを頼むと、必ずついてくるのがこれ。現地の屋台ではよく仕上げに紫玉ねぎや香菜をのせるので、これを作るとインドでの生活を思い出します。玉ねぎの量はほかのカレーの半分で、炒め方もやや軽め。そうするとやさしい味の豆のコクとトマトの酸味が立った現地らしい味に仕上がります。

材料（4人分）

	豆（チャナ）※1	200g
A	玉ねぎ（みじん切り）	1/2個分
	にんにく（みじん切り）	1かけ分
	しょうが（みじん切り）	1かけ分
	青唐辛子※2（みじん切り）	3本分
	トマト（ざく切り）	1/2個分
B	バター	10g
	水	100mℓ
	サラダ油	大さじ3
	塩	適量
	紫玉ねぎ（仕上げ用。みじん切り）	適量
	香菜（仕上げ用。ざく切り）	適量

■ホールスパイス

クミンシード	小さじ1

●パウダースパイス

コリアンダー	小さじ2
ガラムマサラ	小さじ1
ターメリック	小さじ1/2
カイエンヌペッパー	小さじ1/3

※1 ひよこ豆のこと。水煮缶（正味480g）でもよい。
※2 ししとうで代用可。

ベイガンバルタ

なすのカレー

たっぷりのなすが主役のカレーは、バターのコク＆ミントの爽やかさが魅力。水分をとばしてとろりと仕上げます。

ベイガン＝なす、バルタ＝ミンチ。

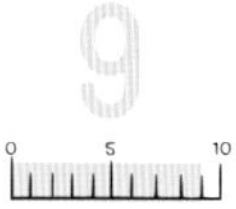

グレイビー
LEVEL 9

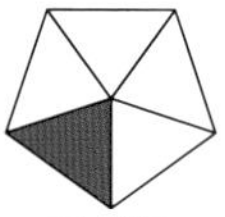

玉ねぎ炒め
LEVEL 3

a.
なすは水分を軽く絞り、たたくように刻んで細かくするとなめらかに仕上がる。

b.
ミントは軽く炒めると、爽やかな香りが立つうえ、味がなじんでおいしい。

1. オーブンを 230℃に予熱する。なすはサラダ油大さじ 1 をからめ、オーブンで 20 分焼き、水にとって皮をむき、水分を軽く絞ってみじん切りにする（a）。
2. 鍋にバター、サラダ油大さじ 1 を入れて軽く温め、ホールスパイスを加えて泡が立つまで炒める。
3. A を加えて強めの中火で玉ねぎが色づくまで炒め、トマトピューレを加えて混ぜ、なじませる。
4. 弱火にしてパウダースパイスと塩小さじ 1 弱を加え、焦げないように 20 ～ 30 秒炒め合わせる。
5. B を加えて軽く炒め（b）、均一に混ぜる→これが「味のもと」。水を加えて強火にしてひと煮立ちさせる。1 を加え、余計な水分をとばしながら、なじませるように炒め合わせる。塩で味をととのえ、器に盛ってミントを飾る。

NAIR's advice

水分をとばしてぽってり仕上げるこのカレーは、チャパティ（→ p.106）で包んで食べるとおいしいですよ。なすの下準備に少し手間がかかりますが、なすと油、そしてスパイスの相性は最高！ ぜひ余裕のある日に作ってみてください。北インドでよく使うミントは軽く炒め合わせると、爽やかさが際立って味もなじみます。

材料（4人分）

なす		小 10 本
A	玉ねぎ（みじん切り）	1 個分
	にんにく（みじん切り）	1 かけ分
	しょうが（みじん切り）	1 かけ分
トマトピューレ		100mℓ
B	プレーンヨーグルト	大さじ 3
	ミント（粗みじん切り）	ひとつかみ
バター		20g
サラダ油		大さじ 2
水		200mℓ
塩		適量
ミント（仕上げ用）		適量

■ホールスパイス
- クミンシード……小さじ 1

●パウダースパイス
- コリアンダー……小さじ 2
- クミン……小さじ 1
- ガラムマサラ……小さじ 1
- ターメリック……小さじ 1/2
- カイエンヌペッパー……小さじ 1/4

アルーベイガン

なすとじゃがいものカレー

最初はピリリ、野菜といただくとマイルド。なすとじゃがいもは、万人に愛される黄金コンビです。

アルー＝じゃがいも、ベイガン＝なす。

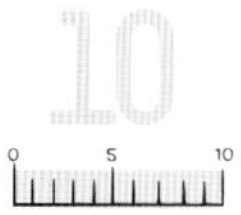

グレイビー
LEVEL 10

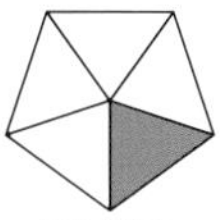
玉ねぎ炒め
LEVEL 2

a.
水分をしっかりとばして濃度が出てから野菜をからめると、味がボケない。

1. 揚げ油を中温に熱し、なす、じゃがいもをじっくり揚げ、中まで火を通して油をきる。
2. 鍋にCを入れて軽く温め、クミンシードを加えて泡が立つまで炒める。Aを加えて、強めの中火で玉ねぎが明るめに色づくまで炒める。
3. Bを加えてなじませるように混ぜ合わせ、パウダースパイスと塩小さじ1弱を加えてしっかり炒め、焦げないように20～30秒炒め合わせる→これが「味のもと」。混ぜにくければ、水を少量ずつ足す。
4. 1を加えて全体に炒め合わせ（a）、カスリメティを手で押すようにもんで加え、ざっと混ぜて塩で味をととのえる。

NAIR's advice

スパイスと相性がいいからか、インド人はなすとじゃがいもが大好き。揚げると油のコクが加わって、絶対おいしくできるんです。トマトピューレはすぐれもので、酸味とコクが野菜の甘みに合い、とろみづけにもなります。揚げたなすに赤いカレーがからんだ様子もきれいなので、玉ねぎは炒めすぎず明るい色に仕上げましょう。パンだけでなくご飯と合わせてもおいしいですよ。

材料（4人分）

	なす（1.5cm幅の半月切り）	3本分
	じゃがいも（一口大に切る）	2個分
A	玉ねぎ（みじん切り）	1/2個分
A	にんにく（みじん切り）	1かけ分
A	しょうが（みじん切り）	1かけ分
B	トマトピューレ	100mℓ
B	水	100mℓ
C	バター	20g
C	サラダ油	大さじ1
	揚げ油	適量
	塩	適量

■ホールスパイス

クミンシード	小さじ1
カスリメティ（仕上げ用。あれば）	大さじ1

●パウダースパイス

ガラムマサラ	小さじ1
ターメリック	小さじ1/2
カイエンヌペッパー	小さじ1/3

サグパニール

ほうれん草とチーズのカレー

インドの家庭でも手作りされるチーズ、パニールを使います。粗く刻んだほうれん草とからんで、まろやか&スパイシー。

サグ＝葉もの野菜の総称。日本ではほうれん草として浸透している。パニール＝チーズの名前。

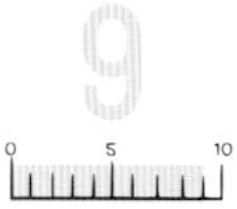

グレイビー
LEVEL 9

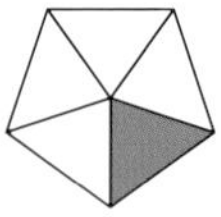
玉ねぎ炒め
LEVEL 2

a.
ほうれん草の色が鮮やかに出るよう、玉ねぎ炒めは明るめに色づくまで。

b.
ほうれん草は粗く刻んで存在感を残すと、チーズとからみやすい。包丁で刻んでもよい。

c.
焦げやすいので、鍋肌に広がった部分もしっかりこそげながら混ぜる。

1. ほうれん草は熱湯でしんなりする程度にゆで、軽く絞って根元を切り落とし、5cm長さに切る。ミキサーにかけて粗く刻む。
2. 鍋にバターを入れて軽く温め、半分ほど溶けたらホールスパイスを加えて泡が立つまで炒める。
3. Aを加えて強めの中火で玉ねぎが明るめに色づくまで炒め(a)、トマトを加えてペースト状になるまで炒める。
4. パウダースパイス、塩小さじ1弱を加え、焦げないように20～30秒炒め合わせ、Bを加えてなじませ、ひと煮立ちさせる→これが「味のもと」。
5. 1を加えて均一に混ぜ(b、c)、パニールを加えて崩れないようにそっと混ぜ、ひと煮立ちさせたら塩で味をととのえる。

NAIR's advice

インドでは、衛生面もあってパニールの水気をしっかり絞るからもっと堅め。でも日本人は柔らかめが好みですよね。ほうれん草ともなじみやすいから、僕は柔らかめに作っています。崩れやすいので、最後に加えてそっと混ぜ、形を残すように気をつけましょう。

材料(4人分)

ほうれん草……1わ
パニール(→p.70。2cm角に切る)……1個分
A 玉ねぎ(みじん切り)……1個分
A にんにく(みじん切り)……1かけ分
A しょうが(みじん切り)……1かけ分
トマト(ざく切り)……1個分
B 水……200mℓ
B 生クリーム……大さじ3
バター……30g
塩……適量

■ホールスパイス
クミンシード……小さじ1

●パウダースパイス
コリアンダー……小さじ2
ターメリック……小さじ1/2
カイエンヌペッパー……小さじ1/3

サグチキン

ほうれん草と鶏肉のカレー

ほうれん草の甘みに、せん切りしょうががアクセントになって、キリリと締まった味に。右ページのサグパニールより旨みが強くて、おかず的な味わいです。

サグ＝葉もの野菜の総称。日本ではほうれん草として浸透している。チキン＝鶏肉。

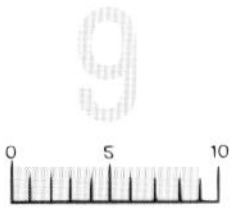

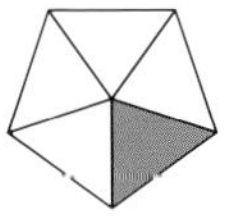

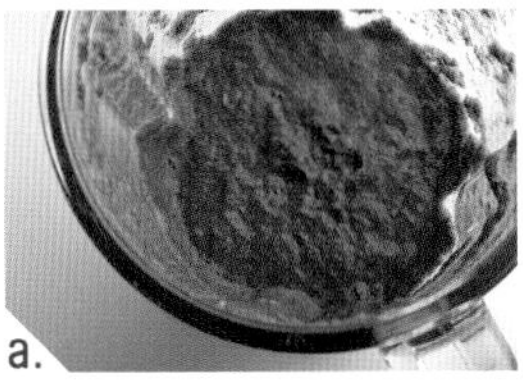
a.
なめらかなペースト状にするため、ゆでたほうれん草は水気をほとんど絞らずにミキサーにかける。

b.
クミンシードのまわりが泡立ってきた状態が炒め終わりの目安。

c.
鶏もも肉はスパイスをよくからませながら表面が白くなるまで炒めてから、水を加える。

1. ほうれん草は熱湯でしんなりする程度にゆで、軽く絞って根元を切り落とし、ざく切りにしてミキサーにかけてなめらかなペースト状にする（a）。
2. 鍋にサラダ油を軽く温め、ホールスパイスを加えて泡が立つまで炒める（b）。
3. Aを加え、強めの中火で玉ねぎが明るめに色づくまで炒める。トマトを加えてつぶしながら炒め、しっかり水分をとばしてペースト状にする。
4. 弱火にしてパウダースパイス、塩小さじ1弱を加え、焦げないように20～30秒炒め合わせる→これが「味のもと」。
5. 鶏もも肉を加えて中火で炒め、水を加える（c）。強火でひと煮立ちさせ、蓋をして弱火で約10分煮る。
6. 1と生クリームを加え、強火で煮立てながら全体を混ぜ合わせる。色が均一になったら塩で味をととのえ、器に盛る。しょうがをのせる。

材料（4人分）

鶏もも肉（皮をむき、一口大に切る）……400g
ほうれん草……1わ
A 玉ねぎ（みじん切り）……1個分
A にんにく（みじん切り）……1かけ分
A しょうが（みじん切り）……1かけ分
トマト（ざく切り）……1個分
生クリーム……大さじ1
水……200㎖
サラダ油……大さじ3
塩……適量
しょうが（仕上げ用。せん切り）……1かけ分

■ホールスパイス
クミンシード……小さじ1

●パウダースパイス
コリアンダー……小さじ2
ターメリック……小さじ1/2
カイエンヌペッパー……小さじ1/3

NAIR's advice

ほうれん草のペースト作りでミキサーがうまく回らなければ、水を少量加えてください。色鮮やかに仕上げたいので、玉ねぎはきつね色にならないように。ほうれん草は加熱で変色しやすいので、最後に加えて、さっと混ぜる程度にしましょう。

インドの国民的カレー

豆はインド全土で手に入り、たんぱく質が豊富でしかも安価。そのため豆カレーは北も南も、子どももお年寄りも、貧富の差にも関係なく広く食べられています。

ダールタルカ

豆カレー

ぽってり煮上げた豆のマイルドでやさしい味わい。子どもから大人まで、誰もに愛されるインド家庭料理の代表選手。豆のコクで辛みも和らぎます。

ダール＝ひき割り豆、タルカ＝テンパリング。

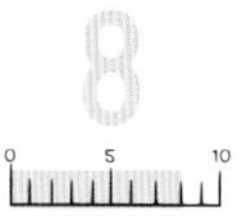

グレイビー
LEVEL 8

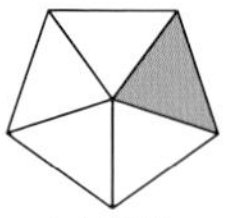

玉ねぎ炒め
LEVEL 1

材料(4人分)

豆(ムングダール)※……200g
水……1 ℓ
A
- 玉ねぎ(みじん切り)……1/2個分
- にんにく(みじん切り)……1かけ分
- しょうが(みじん切り)……1かけ分

トマト(ざく切り)……1/2個分
塩……適量
サラダ油……大さじ3

■ホールスパイス
- 赤唐辛子……3本
- マスタードシード……小さじ1/2
- クミンシード……小さじ1/2

●パウダースパイス
- ターメリック(豆用)……小さじ1
- コリアンダー……大さじ1
- クミン……小さじ1

※緑豆のひき割り。

1.
豆は軽く洗って分量の水とともに鍋に入れ、強火にかけてあくをすくう。ターメリックを加えて弱火でときどき混ぜながら約45分煮る。煮汁が減ったら、湯を少量ずつ足す。

2.
鍋にサラダ油を軽く温め、マスタードシードを入れて蓋をする。はねがおさまったら、残りのホールスパイスを加えて色づくまで炒め、Aを加えて強めの中火で炒める。

3.
玉ねぎの縁が色づいたらトマトを加え、ペースト状になるまで炒める。弱火にして残りのパウダースパイスと塩小さじ1弱を加え、焦げないように20～30秒炒め合わせる→これが「味のもと」。

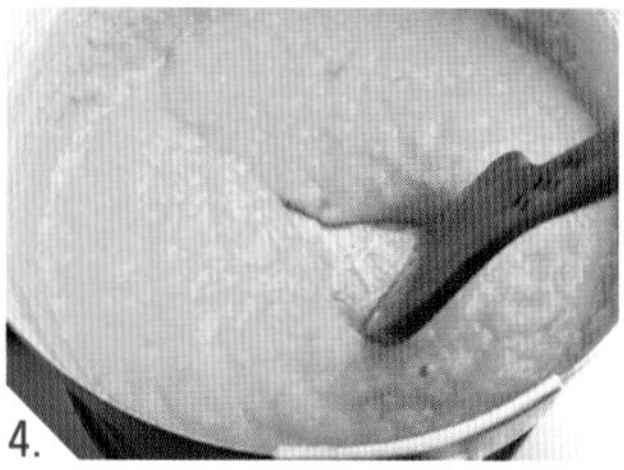

4.
1の豆は、少し粒が残るくらいで、とろりと柔らかくなったら煮上がった状態。

5.
4を3に加えて混ぜながら強火で煮立て、弱火にして1～2分煮てなじませる。なめらかに混ざらなければ少し水を足し、塩で味をととのえる。

NAIR's advice

豆はおだやかでコクがあって、肉が入ってなくても風味豊かになるから、おいしすぎて「ずるいよな～っ」ていつも思います。インドでは日本の味噌汁のように、家庭によって味が違うものなんです。きれいな黄色を出したいから、玉ねぎは濃い炒め色をつけないようにするといいですよ。

ケララフィッシュ

ケララ風魚のカレー

ケララ州といえば豊富な魚介類。南のカレーの王道、ココナッツミルクのまろやかさに、酸味と辛みの立った刺激的な味わいで、暑さも吹き飛びます。意外とあっさりしているので、毎日でも食べあきません。

ケララ＝ケララ州（南インドの州名）の、ケララ式の。フィッシュ＝魚。

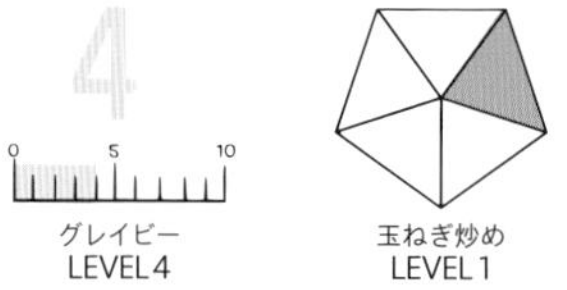

南インドのカレー

えびや魚、そして野菜たっぷり。タマリンドの酸味や仕上げに加えるスパイスの刺激で、さらりとしたカレーがいっそう爽やかに。

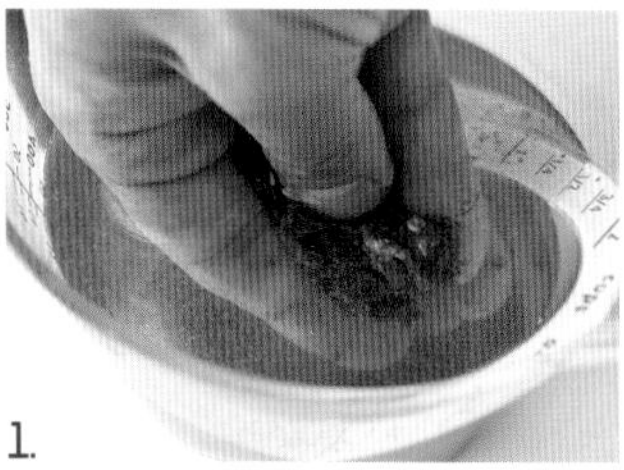

1. タマリンドはぬるま湯に約10分ほど浸け、手でよくもみ出す。

2. 鍋にサラダ油を軽く温め、A を加えて強めの中火で玉ねぎの縁が色づくまで炒める。

3. トマトを加えてつぶしながら炒める。トマトの形が少し残り、ほぼペースト状になったら、弱火にしてパウダースパイス、塩小さじ１を加える。

4. 焦げないように20～30秒炒め合わせる。

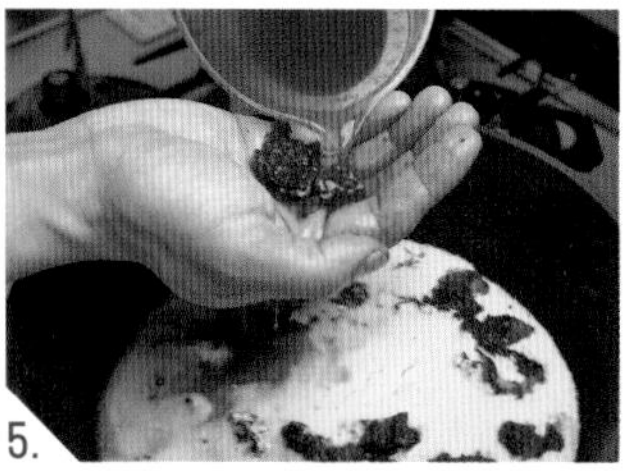

5. ココナッツミルクを加え、1 を少しずつ手でこし入れ、最後にギュッと絞る。

6. 強火でひと煮立ちさせ、弱火にして蓋をし、ときどき混ぜながら約10分煮る→これが「味のもと」。強火にしてぶりを加え、ひと煮立ちさせて弱火にし、蓋をして約３分煮る。塩で味をととのえる。

7. 小さいフライパンにテンパリング用のサラダ油を軽く温め、マスタードシードを加えて蓋をし、はねがおさまったら残りの材料をすべて加える。

8. 玉ねぎが薄く色づいたら、6 に加えて混ぜてなじませる。

材料（4人分）

	ぶり（切り身を３等分に切る）	350g
A	玉ねぎ（薄切り）	1個分
A	青唐辛子（斜め薄切り）	3本分
A	にんにく（せん切り）	1かけ分
A	しょうが（せん切り）	1かけ分
	トマト（ざく切り）	1個分
	ココナッツミルク	200㎖
	タマリンド	15g
	ぬるま湯	300㎖
	サラダ油	大さじ3
	塩	適量

●パウダースパイス

コリアンダー	大さじ1
パプリカ	大さじ1
ターメリック	小さじ1/2
カイエンヌペッパー	小さじ1/3
フェヌグリーク（あれば）	小さじ1

テンパリング

サラダ油	大さじ1
玉ねぎ（みじん切り）	大さじ2
■ホールスパイス	
赤唐辛子	2本
マスタードシード	小さじ1/2
カレーリーフ（生。あれば）	10枚
●パウダースパイス	
カイエンヌペッパー	小さじ1/4

NAIR's advice

南インドの海沿いの州・ケララといえば、やっぱり魚介。今回は切り身を使いましたが、インドでは一尾を豪快に輪切り（筒切り）にするんですよ。ほかにまながつお、あじ、いわし、さばもおすすめです。魚カレーはどれも、フェヌグリークパウダーを入れると味が締まります。手に入ったらぜひ使ってください。酸味をキュッと立たせるタマリンドも、南インド料理に欠かせない大切な食材。どの料理でも使い方は同じですから、一度覚えておくと便利です。

フィッシュカレー

タマリンド風味の魚のカレー

こちらもケララ州でポピュラーな魚のカレーです。ケララフィッシュとの違いは、ココナッツミルクを使わずタマリンドの酸味をキリッときかせるところ。素材の旨みが引き立つさらっとしたグレイビーはクセになること間違いなし！　夏に食べたいカレーNo.1です。

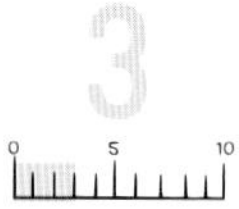

グレイビー
LEVEL 3

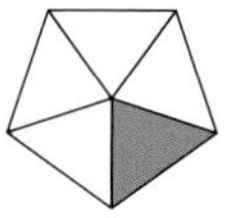
玉ねぎ炒め
LEVEL 2

1.
タマリンドはぬるま湯に約10分ほど浸け、手でよくもみ出す。

2.
鍋にサラダ油を軽く温め、Aを加えて強めの中火で玉ねぎが明るめに色づくまで炒める。

3.
トマトを加えてつぶしながら炒め、形が少し残ってほぼペースト状にする。

4.
弱火にしてパウダースパイス、塩小さじ1を加え、焦げないように20～30秒炒め合わせる。

5.
1を少しずつ手でこし入れ、最後にギュッと絞る。強火でひと煮立ちさせる→これが「味のもと」。

6.
あじを加えてひと煮立ちさせ、弱火にする。蓋をして約10分煮て、塩で味をととのえる。

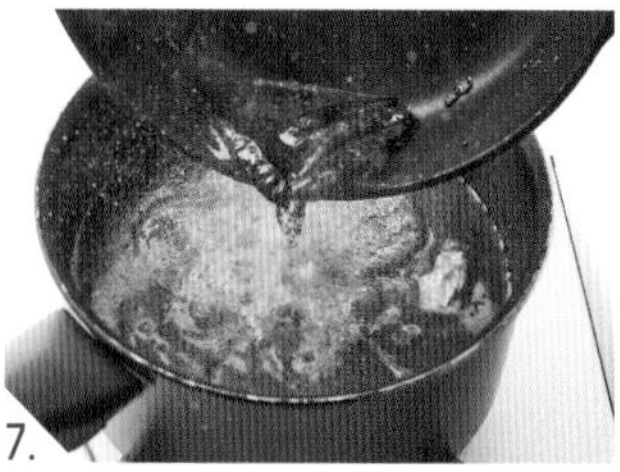
7.
小さいフライパンにテンパリング用のサラダ油を軽く温め、マスタードシードを加えて蓋をし、はねがおさまったら赤唐辛子を加える。赤唐辛子が軽く色づいたら6に加え、混ぜてなじませる。火を止めて香菜を加え、軽く混ぜる。

材 料（4人分）

あじ（頭、内臓、ぜいごを取って3等分にする）		4尾分
A	玉ねぎ（せん切り）	1個分
	青唐辛子（斜め薄切り）	2本分
	にんにく（せん切り）	3かけ分
	しょうが（せん切り）	2かけ分
トマト（ざく切り）		1個分
タマリンド		20g
ぬるま湯		600mℓ
サラダ油		大さじ4
塩		適量
香菜（ざく切り）		ひとつかみ

●パウダースパイス

コリアンダー	大さじ1
フェヌグリーク（あれば）	小さじ1
ターメリック	小さじ1/2
カイエンヌペッパー	小さじ1/2

テンパリング

サラダ油	大さじ2
■ホールスパイス	
赤唐辛子	2本
マスタードシード	小さじ1/2

NAIR's advice

ココナッツミルクでコクをつけないので、「おいしすぎないカレー」と呼んでいます。その分、魚はあじやいわし、かつおなど旨みの強いものを骨ごと使い、タマリンドの酸味や旨みとのハーモニーをお楽しみください。パクチーは余熱で火を入れると全体に風味がなじんで美味。

ミーンモーリー

ココナッツとレモンの魚カレー

美しいイエローのグレイビーに1尾魚が映える堂々としたひと皿。タマリンドを使わずレモンの爽やかな酸味をきかせています。実際には、カレーというよりもおもてなしの魚料理という位置づけです。伝統的な南インドではあまり使用しないカルダモンやシナモンで上品に風味づけし、魚の旨みを引き立てます。

ミーン＝魚。モーリー＝南インドのシーフードを具材とするココナッツ風味のカレー。

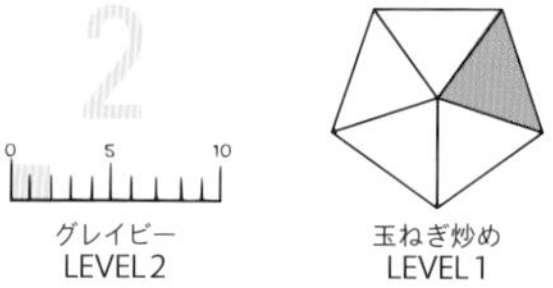

材 料(4人分)

あじ（頭、内臓、ぜいごを取って両面に切り目を入れる）…4尾分

A
- 塩・こしょう……各少量
- ターメリック……小さじ1/2
- レモン汁……1/2個分

B
- 玉ねぎ（せん切り）……1個分
- 青唐辛子（斜め薄切り）……2本分
- にんにく（せん切り）……1かけ分
- しょうが（せん切り）……1かけ分

トマト（一口大に切る）……1/2個分

水……150㎖

ココナッツミルク……200㎖

酢……小さじ2

サラダ油……大さじ5

香菜（ざく切り）……ひとつかみ

塩……適量

■ホールスパイス
- カルダモン……8粒
- シナモンスティック（3～4つに割る。または皮片）…1本

●パウダースパイス
- コリアンダー……小さじ1
- フェヌグリーク（あれば）……小さじ1
- ターメリック……小さじ1/2

1.

あじの表面に A をからめる。

2.

フライパンにサラダ油大さじ2を熱し、中火で 1 の両面をさっと焼いて焼き目をつける。

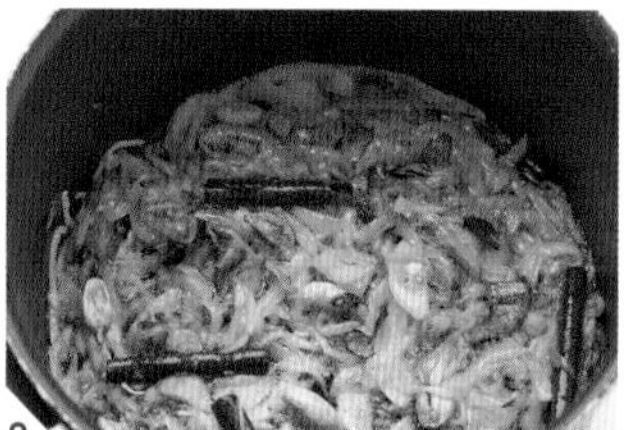

3.

鍋に残りのサラダ油を熱し、ホールスパイスを入れてほんのり香るまで温める。B を加えて中火で玉ねぎの縁が色づくまで炒める。

4.

弱火にしてパウダースパイスを加えて焦げないように20～30秒炒め合わせる→これが「味のもと」。

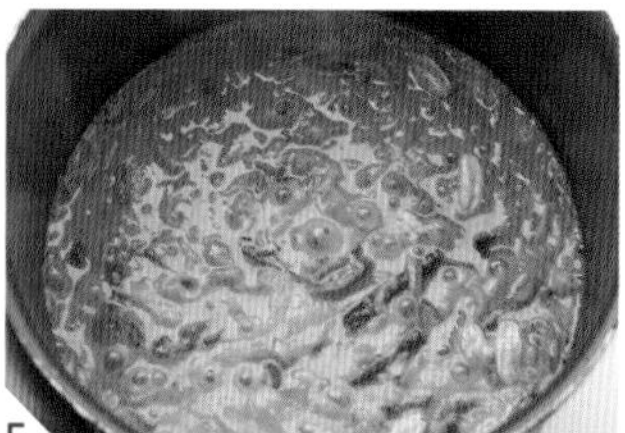

5.

水を加えて強火でひと煮立ちさせ、ココナッツミルク、酢、塩小さじ1弱を加えて混ぜる。

6.

沸いたら 2 を重ならないようにそっと加えて弱火で5分煮る。塩で味をととのえ、トマト、香菜を加えてすぐに火を止める。

NAIR's advice

日本の煮魚のスタンダードが醤油味としたら、インドではココナッツミルク味とイメージしていただくとわかりやすいでしょうか。あくまでも魚がメインなので、グレイビーは少なめにし、色が濁らないようにコリアンダーを控えめにして美しく仕上げます。レシピではテンパリングをしていませんが、カレーリーフが手に入ったらサラダ油大さじ1、マスタードシード小さじ1/3、カレーリーフ10枚、赤唐辛子4本でテンパリングするとおいしいですよ。

ゴアンプロウン

ゴア風 えびカレー

酢でじんわり旨みをつけた、ゴア州の名物カレー。ご飯と一緒に、するすると食べられるあっさり味です。

ゴアン＝ゴア州（南インドの州名）の、ゴア式の。プロウン＝えび。

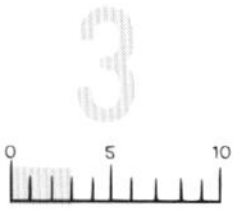

グレイビー
LEVEL 3

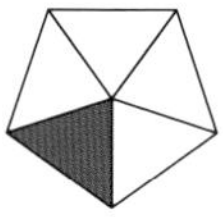
玉ねぎ炒め
LEVEL 3

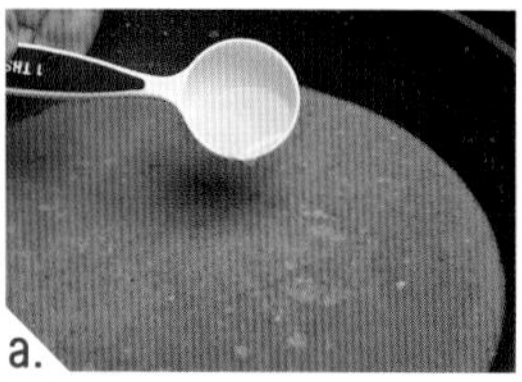
a.
酢を入れるのがゴア式。煮込むと旨みにも変わる。

1. 鍋にサラダ油を軽く温め、A を加えて強めの中火で玉ねぎが色づくまで炒め、トマトを加えてつぶしながら炒める。
2. トマトの形が少し残り、ほぼペースト状になったら弱火にし、パウダースパイス、塩小さじ１弱を加え、焦げないように 20 ～ 30 秒炒め合わせる。
3. B を加え（a）、強火にしてひと煮立ちさせ、弱火にして蓋をし、ときどき混ぜながら約 10 分煮る→これが「味のもと」。中火にしてえびを加え、約２分煮る。
4. 小さいフライパンにテンパリング用のサラダ油を軽く熱し、マスタードシードを加えて蓋をし、はねがおさまったら残りのホールスパイスを加える。
5. 色づいたら 3 に加え混ぜ、なじませて塩で味をととのえ、器に盛って香菜を飾る。

NAIR's advice

僕が初めてこのカレーを食べたのは、ゴア州のホテルで修業していたとき。あまりにおいしくて、いまだに忘れられません。具のえびが堅くならないよう、煮込みすぎに注意してください。ポルトガル領だったゴア州には独自の味つけが残っていて、現地のお酢「ゴアンヴィネガー（ゴアの酢）」を使う料理が多くあるんですよ。ポークヴィンダルー（→ p.50）もそうなんです。

材 料(4人分)

えび※(殻をむき、背を開く)		12 尾
A	玉ねぎ(薄切り)	1 個分
A	にんにく(せん切り)	1 かけ分
A	しょうが(せん切り)	1 かけ分
トマト(ざく切り)		1 個分
B	ココナッツミルク	200㎖
B	水	300㎖
B	酢	大さじ 1
B	砂糖	小さじ1/2
塩		適量
サラダ油		大さじ 3
香菜(仕上げ用。粗く刻む)		適量

●パウダースパイス

コリアンダー	小さじ 2
クミン	小さじ 1
ターメリック	小さじ1/2
カイエンヌペッパー	小さじ1/2

テンパリング

サラダ油	大さじ 1
■ホールスパイス	
マスタードシード	小さじ1/2
赤唐辛子	2 本
カレーリーフ(生。あれば)	10 枚

※背わたがあれば取り除く。

マドラスビーフ

マドラス風 牛肉カレー

インドでは珍しい牛肉を使ったカレー。カルダモンやクローブなど、野趣溢れる肉に合わせるスパイスで、しっかり煮込みます。

マドラス＝マドラス（南インドのタミル・ナードゥ州のかつての州都）の、マドラス式の。ビーフ＝牛肉。

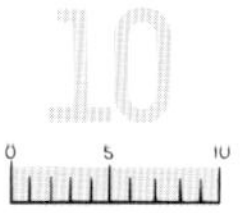

グレイビー
LEVEL10

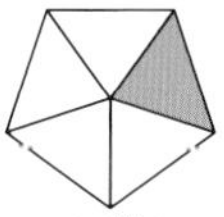
玉ねぎ炒め
LEVEL 1

材料(4人分)

牛カレー用肉		400g
A	玉ねぎ(薄切り)	1個分
	青唐辛子(斜め薄切り)	2本分
	にんにく(せん切り)	1かけ分
	しょうが(せん切り)	1かけ分
トマト(ざく切り)		1個分
ココナッツミルクパウダー		大さじ3
水		適量
サラダ油		大さじ3
塩		適量
青唐辛子(仕上げ用。小口切り)		適量

■ホールスパイス

カルダモン	5粒
クローブ	5粒

●パウダースパイス

コリアンダー	大さじ1
パプリカ	小さじ1
ターメリック	小さじ1/2
黒こしょう	小さじ1/2
カイエンヌペッパー	小さじ1/4

1. 鍋にサラダ油を軽く熱し、ホールスパイスを加え、カルダモンがふくらむまで炒める。Aを加えて強めの中火で玉ねぎの縁が色づくまで炒め、トマトを加えてつぶしながら炒める。
2. トマトの形が少し残り、ほぼペースト状になったら弱火にし、パウダースパイス、塩小さじ1弱を加えて焦げないように20～30秒炒め合わせる→これが「味のもと」。
3. 牛カレー用肉を加えて軽く炒め合わせ、ココナッツミルクパウダーを加えて均一にしっかり炒め合わせる(a)。水600㎖を加えて強火にしてひと煮立ちさせ、弱火にして蓋をし、1時間半ほど煮込む。
4. 途中ときどき混ぜ、水分が少なくなったら、そのつど水100㎖を数回足す(b)。水を足したらしっかりなじませる(c)。
5. 牛肉が柔らかくなったら、水分をとばすように炒め、塩で味をととのえて器に盛り、青唐辛子を散らす。

a.
牛肉が全体に混ざってからココナッツミルクパウダーを加えると均一に混ざりやすい。

b.
水分が少なくなったら、100㎖ずつ加えて様子をみる。加える水の量が多すぎると味がボケるので注意。

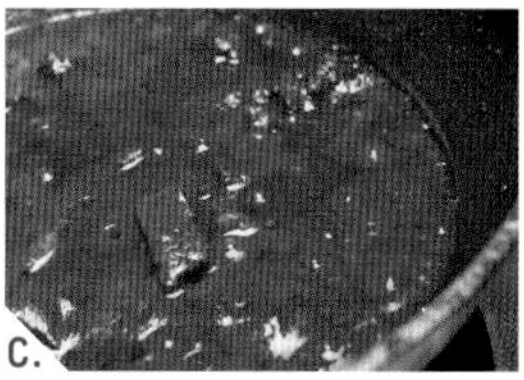
c.
水を足したあと、しっかりなじませると脂が浮いた状態に。

NAIR's advice

南インドは北よりも宗教色が薄いせいか、ヒンドゥー教で禁止されている牛肉のレシピも見かけます。このような野性的な肉に使うスパイスは、やっぱりカルダモンやクローブ。北の定番です。南らしいテクニックのテンパリングもしません。地域性よりも、素材に合ったスパイスや調理法が、おいしさを生むんですね。

ケララチキン

ケララ風 チキンカレー

ケララ州のチキンカレーは爽やかなしょうがの香りが印象的。玉ねぎの切り方からコク出し、テンパリングまで、北のチキンカレーとはまったく違う南インドの手法で作ります。

ケララ＝ケララ州（南インドの州名）の、ケララ式の。チキン＝鶏肉。

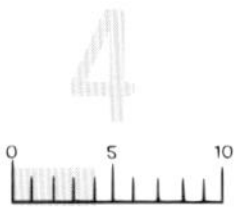

グレイビー
LEVEL 4

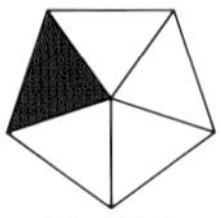
玉ねぎ炒め
LEVEL 4

材 料(4人分)

	鶏もも肉(皮をむき、一口大に切る)	400g
A	玉ねぎ(薄切り)	1個分
A	青唐辛子(斜め薄切り)	3本分
A	にんにく(せん切り)	1かけ分
A	しょうが(せん切り)	1かけ分
	トマト(ざく切り)	1個分
B	ココナッツミルク	200mℓ
B	水	300mℓ
	香菜(ざく切り)	適量
	サラダ油	大さじ3
	塩	適量

●パウダースパイス

コリアンダー	大さじ1
ターメリック	小さじ1/2
カイエンヌペッパー	小さじ1/2

テンパリング

サラダ油	大さじ1
■ホールスパイス	
マスタードシード	小さじ1/2
赤唐辛子	3本
カレーリーフ(生。あれば)	10枚

1. 鍋にサラダ油を軽く温め、Aを加えて、強めの中火で玉ねぎがしっかり色づくまで炒める。
2. トマトを加えつぶしながら炒め、トマトの形が少し残り、ややペースト状になったら弱火にしてパウダースパイス、塩小さじ1弱を加え、焦げないように20～30秒炒め合わせる。
3. Bを加え、強火にして混ぜる→これが「味のもと」。鶏もも肉を加えてひと煮立ちさせ、弱火にして蓋をし、約10分煮る。
4. 小さいフライパンにテンパリング用のサラダ油を軽く温め、マスタードシードを加えて蓋をし、はねがおさまったら、残りのホールスパイスを加えて中火で炒める。
5. 赤唐辛子がほんのり色づいたら3に加え、混ぜてなじませ、香菜を加えてひと混ぜする。

NAIR's advice

チキンカレーはインドのあちらこちらにありますが、このレシピはスパイス使いも作り方も南インドスタイル。僕は祖父が南インドのケララ出身だからか、こちらのほうがなじみ深く、ホッとするんですよ。テンパリングをすることで、フレッシュな香りと辛みを堪能できます。

アーンドラ チキン

アーンドラ風 チキンカレー

カシューナッツをダブル使いし、コクと香ばしさを立たせるのが特徴。唐辛子の一大産地を有するアーンドラ地方らしい、ジンジン響く辛みが刺激的。

アーンドラ＝アーンドラ州（南インドのアーンドラ・プラデーシュ州名）の、アーンドラ式の。チキン＝鶏肉。

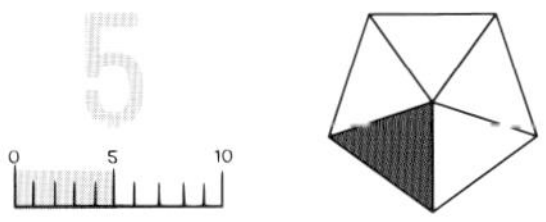

グレイビー
LEVEL 5

玉ねぎ炒め
LEVEL 3

材 料(4人分)

- 鶏もも肉(皮をむき、一口大に切る)……400g
- A 玉ねぎ(薄切り)……1個分
- A 青唐辛子(斜め薄切り)……3本分
- A にんにく(せん切り)……2かけ分
- A しょうが(せん切り)……1かけ分
- トマト(ざく切り)……1個分
- カシューナッツ※……40g
- B プレーンヨーグルト……大さじ3
- B ココナッツミルクパウダー……大さじ3
- 水……適量
- 塩……適量
- サラダ油……大さじ3
- 香菜(仕上げ用。ざく切り)……少量

●パウダースパイス
- コリアンダー……大さじ1
- パプリカ……小さじ2
- ターメリック……小さじ1/2
- カイエンヌペッパー……小さじ1/2
- 黒こしょう……小さじ1/3

テンパリング
- サラダ油……大さじ1
- ■ホールスパイス
  - マスタードシード……小さじ1/2
  - 赤唐辛子……3本
  - カレーリーフ(生。あれば)……10枚

※塩味つきでもよい。

a.
カシューナッツは炒めて香ばしさをつけてから、ペーストでも再度香ばしさを出す。

1. カシューナッツの1/2量を2分ほどゆで、Bとともにミキサーで撹拌してペースト状にする。回りにくければ、水を大さじ2～3加える。
2. 鍋にサラダ油を軽く温め、Aを加えて強めの中火で玉ねぎが色づくまで炒め、トマトを加えてつぶしながら炒める。
3. トマトの形が少し残り、ややペースト状になったら弱火にしてパウダースパイス、塩小さじ1弱を加えて焦げないように20～30秒炒め、残りのカシューナッツを加え、色づくまで炒める。
4. 1を加えてなじませるように混ぜる(a)→これが「味のもと」。鶏もも肉を加えて全体に炒め混ぜる。水300mℓを加えて強火にし、ひと煮立ちさせて弱火にし、蓋をして約10分煮る。塩で味をととのえる。
5. 小さいフライパンにテンパリング用のサラダ油を温め、マスタードシードを加えて蓋をし、はねがおさまったら残りのホールスパイスを加え、色づくまで炒める。
6. 5を4に加えて混ぜてなじませ、器に盛って香菜を飾る。

NAIR's advice

辛いチキンカレーが好きなら、ぜひおすすめ。辛みだけでなく、カシューナッツの香ばしさ、ヨーグルトの酸味もバランスよく味わえます。ココナッツミルクパウダーを入れるのはとろみづけのため。ココナッツミルクは缶を開けたらあまり日持ちしませんが、パウダーなら常備できるので便利ですよ。

ポークヴィンダルー

豚肉の酸味カレー

ひと口めの酸っぱくて辛い味は衝撃的。何度も味を確かめて食べていくうちに止まらなくなります。豚肉はマリネしてから煮込むので柔らかく、旨みたっぷりで酸味と辛みに負けません。

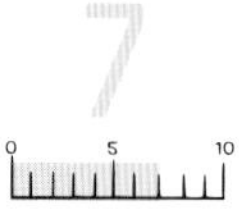

グレイビー
LEVEL7

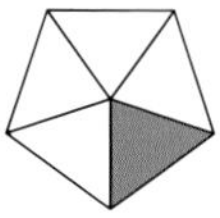
玉ねぎ炒め
LEVEL 2

材料(4人分)

- 豚肩ロースかたまり肉(一口大に切る)……400g
- マリネ液
  - にんにく(すりおろし)……2かけ分
  - しょうが(すりおろし)……2かけ分
  - 白ワインヴィネガー……大さじ3
  - 酢……大さじ2
  - ココナッツミルクパウダー……大さじ2
  - 塩……小さじ1
  - 砂糖……小さじ1
  - ■ホールスパイス
    - マスタードシード……小さじ1/2
  - ●パウダースパイス
    - コリアンダー……大さじ1
    - パプリカ……小さじ2
    - カイエンヌペッパー……小さじ1/2
    - 黒こしょう……小さじ1/2
    - ターメリック……小さじ1/2
- 玉ねぎ(薄切り)……1個分
- トマト(ざく切り)……1個分
- 水……適量
- サラダ油……大さじ3
- 塩……適量

■ホールスパイス

- カルダモン……5粒
- クローブ……5粒
- ベイリーフ※……2枚

※ローリエで代用可。

1. ボウルにマリネ液の材料を合わせる→これが「味のもと」。豚肩ロース肉をしっかりからませ、ラップをかけて冷蔵庫で1時間おく。前日に仕込んでもよい。

2. 鍋にサラダ油を軽く温め、ホールスパイスを炒め、カルダモンがふくらんだら玉ねぎを加え、強めの中火で明るめに色づくまで炒める。

3. トマトを加えてつぶしながら炒め、水分がとんでペースト状になったら、1をマリネ液ごと加えて、水分をとばしながら軽く炒める。

4. 水400mℓを加え、強火にしてひと煮立ちさせ、弱火にして蓋をし、ときどき混ぜながら約40分煮込む。途中水分が足りなくなったら、そのつど水100mℓを数回足し、しっかりなじませる。塩で味をととのえる。

NAIR's advice

これはゴアンプロウン(→p.46)と同様、長くポルトガル領だったゴア州の名物カレー。材料が多く思えますが、マリネ液さえ作ればあとは驚くほどシンプルです。白ワインヴィネガーをたっぷり使うのが特徴で、僕はまろやかさをプラスしたいので、酢も一緒に使っています。酸味は加熱すると旨みが増して、奥深い味になりますよ。

サンバル

豆と野菜のカレー

豆のコク、タマリンドの酸味が味を作る南インドの代表的な1品。毎日食べられる味噌汁的な存在です。しっかり煮た豆がとろみづけに一役。

7

0 5 10

グレイビー
LEVEL7

材料(4人分)

- 豆(トゥールダール)※ ……… 100g
- 大根(2cm厚さの半月切り) ……… 200g
- なす(2cm長さの拍子木切り) ……… 200g
- 玉ねぎ(ざく切り) ……… 1/2個分
- トマト(ざく切り) ……… 1個分
- タマリンド ……… 20g
- ぬるま湯 ……… 500mℓ
- 香菜(ざく切り) ……… 適量
- 塩 ……… 適量

●パウダースパイス

- ターメリック(豆用) ……… 小さじ1
- コリアンダー ……… 大さじ1
- カイエンヌペッパー ……… 小さじ1/2

テンパリング

- サラダ油 ……… 大さじ2
- 玉ねぎ(みじん切り) ……… 大さじ2
- ■ホールスパイス
  - マスタードシード ……… 小さじ1/2
  - 赤唐辛子 ……… 3本
  - カレーリーフ(生。あれば) ……… 10枚
- ●パウダースパイス
  - ヒン(あれば) ……… 小さじ1/4

※イエロースプリットピースとも呼ばれるひき割りの豆。もどさずに使える。

1. 豆はターメリックとともに1ℓ以上の湯(分量外)で、約1時間柔らかく煮て、ペーストに近い状態にする。

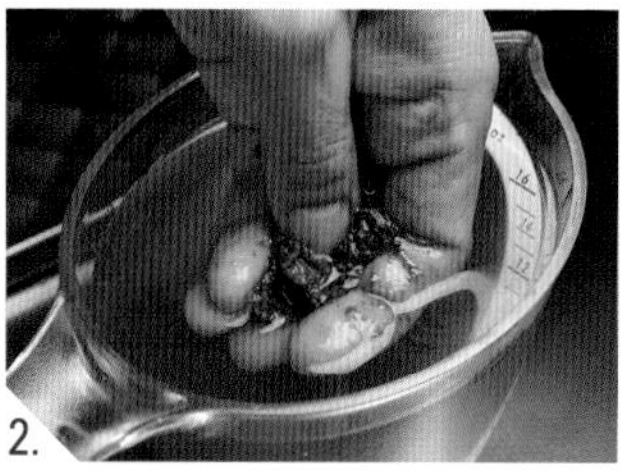

2. タマリンドはぬるま湯に約10分浸し、手でよくもみ出す。

3. 2を別の鍋に手でこし入れ、最後にギュッと絞る。

4. 3を強火にかけ、大根、残りのパウダースパイス、塩小さじ1を入れてひと煮立ちさせる。中火にし、5分煮る。

5. なす、玉ねぎ、トマトを加え、柔らかくなったら1を加え、全体に混ぜてなじませる。

6. 小さいフライパンにテンパリング用のサラダ油を軽く温め、マスタードシードを入れて蓋をし、はねがおさまったら残りの材料をすべて入れて玉ねぎが色づくまで炒める。

7. 6を5に加える。

8. しっかりなじませ、香菜を加えて塩で味をととのえる。

NAIR's advice

インドカレーのなかで一番好きなのが、このカレーです。南インドの定食「ミールス」に必ずついていたり、揚げものと一緒に出てきたり、朝食にもよく登場します。日本では豆の形がしっかり残ったさらさらタイプが多いようですが、インドでは豆をペーストに近くなるまで煮て、カレーにとろりと濃度をつけます。野菜は里いも、じゃがいも、にんじんなどの根菜類や冬瓜もおすすめ。

オーラン

豆と大根の白いカレー

ココナッツミルクで煮るピュアベジカレー。メイン料理というよりも、野菜の煮物のような感覚です。インドでは豆と冬瓜が一般的ですが、日本では手に入りやすい大根がおすすめ。ベースとなる玉ねぎやにんにく、しょうがを使わず、野菜の甘みとココナッツミルクのコクでやさしい味わいに仕上げます。

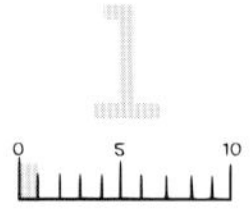

グレイビー
LEVEL1

材 料(4人分)

大根	500g
青唐辛子	2本
レッドキドニービーンズ(缶詰)	固形量150g
水	200mℓ
ココナッツミルク	200mℓ
塩	小さじ1/2

テンパリング

サラダ油	大さじ1
■ホールスパイス	
マスタードシード	小さじ1/2
赤唐辛子	1本

1. 大根は長方形の一口大に切り、青唐辛子は縦に切り目を入れる。

2. 鍋に1、水、塩を入れて火にかけ、沸いたら弱火にして7〜8分煮る。

3. レッドキドニービーンズ、ココナッツミルクを加え、沸いたら弱火で5分煮る。

4. 小さいフライパンにテンパリング用のサラダ油を入れて熱し、マスタードシードを加えて蓋をする。はねがおさまったら赤唐辛子を加え、軽く色づいたら3に混ぜ、なじませる。

NAIR's advice

ココナッツミルクの美しい色とやさしい味わいを最大限に生かす料理なので、「味のもと」となる野菜やパウダースパイスは使いませんが、テンパリングでマスタードシードの香ばしさと油のコクをプラスしてアクセントにしています。その際、カレーリーフが手に入ったら5〜6枚ほど使用してください。インドでは野菜を一口大に切る場合、長方形が主流。ぜひインドらしい仕上がりを目指してみてください。

ラッサム

黒こしょうの酸味カレー

とろみがまったくないさらさらとしたスープ状のカレーは、インドでもこれだけ。酸味がキリッ、辛みがピリッ、そして香菜がふわりと香ります。

0

0 5 10

グレイビー
LEVEL 0

a.
トマトは自然と崩れる程度に。シンプルな味つけなので、トマトの旨みが際立つ。

これがグレイビーレベル0のさらさら感！ ご飯にジャブジャブかけていただくとクセになる。

1. タマリンドはぬるま湯に約10分浸け、手でよくもみ出し、鍋に手でこし入れ、最後にギュッと絞る。
2. 強火にかけて塩小さじ2、A、ホールスパイス、パウダースパイスを加え、沸騰したら弱火にし、蓋をして約10分煮る（a）。
3. 小さいフライパンにテンパリング用のサラダ油を軽く温め、マスタードシードを加えて蓋をし、はねがおさまったら残りの材料をすべて加え、色づくまで炒める。
4. 3を2に加え、混ぜてなじませ、香菜を加える。塩で味をととのえる。

NAIR's advice

ポイントはとにかく塩加減。ほかのカレーよりもあっさりタイプなので、塩味が薄いとボケた味になってしまいます。スープのように見えて“カレー”なので「飲んでおいしい」では塩がちょっと足りません。心持ちしょっぱいな、と感じるくらいガツンと仕上げると、ご飯と一緒に食べてちょうどいいんですよ。

材料(4人分)

A
- トマト(ざく切り)……1個分
- 青唐辛子※1(縦に切り目を入れる)……3本
- にんにく(つぶす)……1かけ

タマリンド……25g
ぬるま湯……1ℓ
香菜(ざく切り)……1束分
塩……適量

■ホールスパイス
- クミンシード(粗く砕く)……小さじ1
- 黒こしょう(粗く砕く)……小さじ1

●パウダースパイス
- カイエンヌペッパー……小さじ1
- ターメリック……小さじ1/2

テンパリング
- サラダ油……大さじ2
- 豆(チャナダール)※2……小さじ2
- ■ホールスパイス
  - 赤唐辛子……3本
  - マスタードシード……小さじ1/2
  - カレーリーフ(生。あれば)……5～6枚
  - フェヌグリークシード(あれば)……小さじ1/2

※1 ししとうで代用可。
※2 ひよこ豆のひき割り。

コロンブ

ココナッツ風味の野菜カレー

コロンブとはタマリンドとココナッツミルクを味つけの軸にした、南インドの甘酸っぱいカレー。インドでは、なすでもよく作ります。

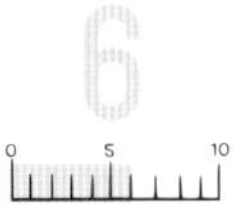

グレイビー
LEVEL 6

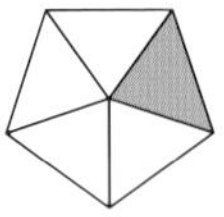

玉ねぎ炒め
LEVEL 1

材 料(4人分)

カリフラワー(小房に分ける).....300g(1株分)

A
- 玉ねぎ(薄切り)......1/2個分
- 青唐辛子※(斜め薄切り)......2本分
- にんにく(せん切り)......1かけ分
- しょうが(せん切り)......1かけ分

トマト(ざく切り)......1個分
タマリンド......10g
ぬるま湯......200㎖
ココナッツミルク......200㎖
サラダ油......大さじ3
塩......適量
香菜(仕上げ用。ざく切り)......少量

●パウダースパイス
- コリアンダー......小さじ2
- クミン......小さじ1
- カイエンヌペッパー......小さじ1/2
- ターメリック......小さじ1/4

テンパリング
- サラダ油......大さじ1
- ■ホールスパイス
  - マスタードシード......小さじ1/2
  - フェヌグリークシード(あれば)...小さじ1/3
  - カレーリーフ(生。あれば)......10枚
- ●パウダースパイス
  - ヒン(あれば)......ひとつまみ

※ししとうで代用可。

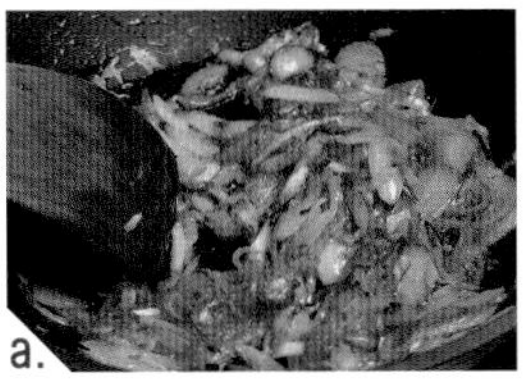

a.
野菜が主役のおかずのようなカレー。玉ねぎは具のひとつとして食べるため、炒めすぎないように。

1. タマリンドをぬるま湯に10分浸け、手でよくもみ出す。
2. 鍋にサラダ油を熱し、Aを加える。強めの中火で炒め、玉ねぎの縁が色づいたら(a)、トマトを炒め合わせる。
3. トマトの形が少し残り、ペースト状になったらパウダースパイス、塩小さじ1を焦げないように20～30秒炒め合わせ、1を手でこし入れ、ココナッツミルクも加え、ひと煮立ちしたら弱火で4～5分煮込む→これが「味のもと」。
4. カリフラワーを加え、ひと煮立ちしたら蓋をして弱火で7～8分煮込む。
5. 小さいフライパンにテンパリング用のサラダ油を軽く温め、マスタードシードを入れて蓋をし、はねがおさまったら残りのスパイスを加えてうっすら色づいたら4の鍋に入れて全体になじませる。塩で味をととのえ、器に盛って香菜を散らす。

NAIR's advice

南インドの家庭では、さまざまな野菜や魚をタマリンドとココナッツミルクで煮ています。根菜も合うので、季節の野菜でどうぞ。ココナッツやタマリンドの旨みが充分にあるので、玉ねぎとトマトの炒め具合は、ほかのカレーより軽めです。

「万能マサラ」があれば
カレー作りがたったの10分！

冷凍可能な食品保存袋に入れ、平らに保存すると解凍も早い。必ず解凍してから使用すること。

インド料理はカレーに限らず、玉ねぎやトマト、スパイスなどを炒めた「味のもと」を作って具材を投入するのが定番パターン。この「味のもと」を基本素材で作ってプレーンな味に仕上げれば汎用性が高まり、多くの料理に向くものになります。それを「万能マサラ」と名付け、ご紹介します。万能マサラは冷凍可能。作りおけば食べたいときにすぐカレーが食べられます。オリジナルの味とは少し異なりますが、おいしくできますよ。

北の万能マサラ

スタータースパイスを使い、しっかり炒めた玉ねぎとトマトが香ばしい味わい。

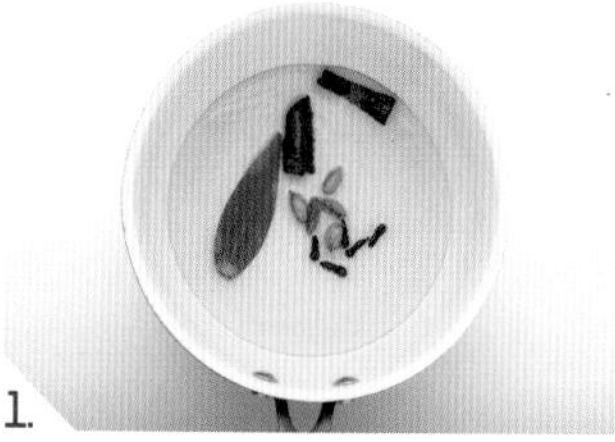

1.
鍋にサラダ油を軽く温め、ホールスパイスを加えてカルダモンがふくらむまで炒める。

2.
Aを加えて強めの中火で玉ねぎがしっかり色づくまで炒める。そのあとトマトを加えてつぶしながら炒める。

3.
水分がとんでペースト状になったらパウダースパイス、塩を加えて香りが立つまで炒める。

材料(4人分)

A
- 玉ねぎ(みじん切り)……1個分
- 青唐辛子※1(みじん切り)……2本分
- にんにく(みじん切り)……1かけ分
- しょうが(みじん切り)……1かけ分

トマト(ざく切り)……1個分
サラダ油……大さじ3
塩……小さじ1

■ホールスパイス
- カルダモン……5粒
- クローブ……5粒
- シナモン(皮片)※2……2片
- ベイリーフ※3……1枚

●パウダースパイス
- コリアンダー……大さじ1
- ターメリック……小さじ1/2
- カイエンヌペッパー……小さじ1/2

※1 ししとうで代用可。
※2 シナモンスティック1本で代用可。
※3 ローリエで代用可。

このカレーに使えます！

各カレーの作り方プロセスで、下記の状態が「北の万能マサラ」と同じものにあたります。

チキンマサラ	作り方5（→p.24）
キーママタール	作り方4（→p.28）
チャナマサラ	作り方3（→p.33）
ベイガンバルタ	作り方4（→p.34）
アルーベイガン	作り方3（→p.35）
サグパニール	作り方4のBを加える前（→p.36）
サグチキン	作り方4（→p.37）
ダールタルカ	作り方3（→p.38）

北の万能マサラで

ヨーグルトチキンカレー

鶏肉のカレー ヨーグルト風味

ヨーグルトのコクと酸味の役割を再認識するカレーです。事前のマリネも不要なので、マサラさえあればいつでも本格的な味が実現。ココナッツミルクは少量ならパウダーが手軽でおすすめです。

材料と作り方（4人分）

1. 北の万能マサラ全量を解凍して鍋に入れ、鶏もも肉400gを一口大に切って加え、中火で軽く炒める。

2. ヨーグルト200g、水100mℓを加えてひと煮立ちさせ、蓋をして弱火で10分ほど煮る。

3. 肉に火が通ったらココナッツミルクパウダー大さじ2を加え、塩で味をととのえる。

ビーフカレー

牛肉のカレー

鍋に入れてほぼほったらかしで贅沢な牛肉のカレーができ上がり。赤ワインで煮込むため、風味豊かでリッチな仕上がりですが、ビーフシチューよりさっぱりとしてご飯によく合います。

材料と作り方（4人分）

1. 北の万能マサラ全量を解凍し、牛カレー用肉400gとともに鍋に入れ、中火で軽く炒める。

2. 赤ワイン300mℓ、水100mℓを加えてひと煮立ちさせ、蓋をして弱火で1時間ほど煮る。

3. 肉が柔らかくなってとろみがついたら塩で味をととのえる。器に盛って好みで生クリームを適量かける。

南の万能マサラ

玉ねぎ、トマトの炒め具合は控えめ。フレッシュな香りや辛みはテンパリングでプラス。

このカレーに使えます！

各カレーの作り方プロセスで、下記の状態が「南の万能マサラ」と同じものにあたります。

ケララフィッシュ 作り方4（→p.40）
ゴアンプロウン 作り方2（→p.46）
ケララチキン 作り方2（→p.48）
アーンドラチキン 作り方3のカシューナッツを入れる前（→p.49）

1.
鍋にサラダ油を軽く温め、Aを加えて強めの中火で玉ねぎが色づくまで炒める。そのあとトマトを加えてつぶしながら炒める。

2.
水分がとんでペースト状になったらパウダースパイス、塩を加えて香りが立つまで炒める。

材料(4人分)

A
- 玉ねぎ(薄切り)............1個分
- 青唐辛子※(斜め薄切り)...2本分
- にんにく(せん切り)......1かけ分
- しょうが(せん切り)......1かけ分

トマト(ざく切り)...............1個分
サラダ油....................大さじ3
塩............................小さじ1

●パウダースパイス
- コリアンダー.............大さじ1
- ターメリック.............小さじ1/2
- カイエンヌペッパー.....小さじ1/2

※ ししとうで代用可。

小さいフライパンにサラダ油を軽く温め、マスタードシードを加えて蓋をし、はねがおさまったら残りのホールスパイスを加える。色づいたら、煮終わったカレーの仕上げに加える。

テンパリングの材料※

サラダ油...................大さじ1

■ホールスパイス
- マスタードシード.......小さじ1/2
- 赤唐辛子......................2本
- カレーリーフ(生。あれば)...10枚

※各カレーに明記されている材料や分量でもOK。

南の万能マサラを使うときは、カレーの仕上げにテンパリングを

南の万能マサラには、パウダースパイスしか入っていません。南のカレーの仕上げと同様に、最後にホールスパイスの香りを油に移して加えてください。

南の万能マサラで

グリーンピースマサラ
グリーンピースのスパイス炒め

ほくほくとした甘みが魅力のグリーンピースに、牛乳でコクをプラスした万能マサラがからみ、絶妙なハーモニーが楽しめます。グリーンピースは鮮度のよい冷凍品が狙い目です。

材料と作り方 (4人分)

1. 南の万能マサラ全量を解凍し、牛乳100 mℓとともに鍋に入れ、中火にかけて混ぜながらなじませる。
2. グリーンピース（生を冷凍したもの）300 g を加えて混ぜ、火が通ったら塩で味をととのえる。

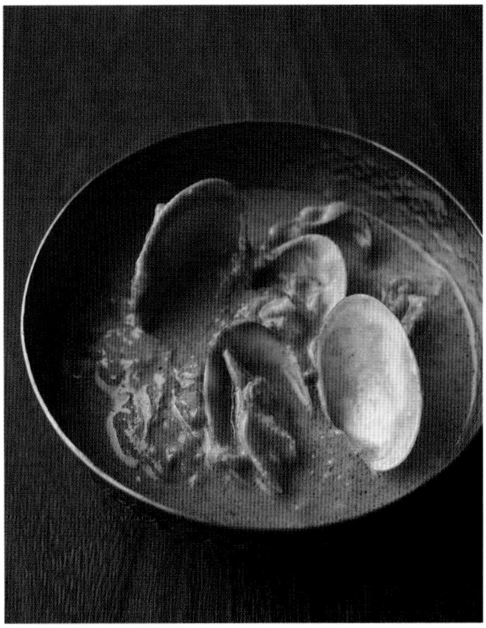

あさりカレー
あさりのカレー

南インドでもふだんのおかずによく登場するあさりを、ワイン蒸しのイメージで風味豊かに仕上げました。テンパリングはせず、シンプルにあさりの旨みをご堪能ください。

材料と作り方 (4人分)

1. あさり 2 パック（500 g）は殻をこすり合わせて洗って砂抜きする。
2. 南の万能マサラ全量を解凍し、白ワイン 200 mℓとともに鍋に入れて中火にかける。ひと煮立ちさせ、1の水気をよくきって加える。
3. 沸いたらココナッツミルク150 mℓを加え、あさりに火が入ったら塩で味をととのえる。

エッグロースト
ゆで卵のマサラ和え

1品足りないときは、冷凍ストックした万能マサラにおまかせ。ゆで卵を崩して、マサラをからめながらいただきます。

材料と作り方 (4人分)

1. 南の万能マサラ全量を解凍し、水 100 mℓとともに鍋に入れて火にかけ、とろりと煮る。
2. 南の万能マサラのテンパリングと同様に油に香りをつけ、1の鍋に入れてなじませ、ゆで卵を加えてひと煮する。

ナイル善己の

インドの定食スタイル&食べ方講座

最近日本のインド料理店でも見かけますが、現地の食堂ではセットメニューが定番です。ステンレスの大皿の中央にパンやご飯を盛り、その周りにカレーが入った小さなステンレスのボウルがぐるりと並びます。この定食を北インドでは「ターリー」、南インドでは「ミールス」と呼びます。では南北の違いはというと、それぞれの地方のカレーが並ぶ程度。あまりありません。

食べ方はパンの場合、一口大にちぎってくぼみをつけてスプーンのようにし、カレーをすくいます。ご飯の場合は、カレーをご飯にかけてしっかり混ぜてください。またカレーは2種以上混ぜると、新しい味が生まれておいしいですよ。ライタ（→ p.113）やチャトニー（→ p.111）、アチャール（→ p.110）など、いろいろ混ぜるのもおすすめ。辛み、酸味、甘みのバランスを自分好みにして、自由に食べるのが醍醐味です。

僕が撮影した、北インドの「ターリー」（写真上）と南インドの「ミールス」（写真下）。通常パンはチャパティが多いけど、たまたまナンでした。南インドはよくバナナの葉をお皿代わりにします。それにちなんでステンレスのお皿にバナナの葉が敷いてあることも。

そしてやっぱり一度は試してほしいのが、手で食べる、通称「手食《てしょく》」（仲間うちでこう呼んでいます）。ご飯の場合は、右手の小指以外でカレーとご飯をしっかり混ぜ、ご飯を軽くつぶすように山高く一口大にまとめます。そして4本の指でつまんで手を返し、親指で押し出すように口に運ぶ。そうすると指が口の中に入ることはないんですよ。とはいえ、僕はあまり手食が好きではありません。なぜなら手が汚れると、すぐに別の作業ができないから。不便だなあと思ってしまいます（笑）。

これが「手食」！ 一口大に山高く形作って、親指で押し出すように口に入れます。

PART 2

北インドのおかず

山岳地帯が多い北インドでは、南に比べておかずの主役は肉類が中心。スパイスやハーブの香る肉料理が定番で、ボリューム感があるのでおもてなしにもおすすめです。日本でも人気のタンドーリチキンやシークカバーブも、ご家庭でおいしく作れる方法をご紹介します。

タンドーリチキン

マリネチキンのオーブン焼き

インド料理の王様と呼ばれる、日本でも有名な鶏の炭火焼きです。ヨーグルトとスパイスで作るマリネ液は、絶対おいしい黄金比率。本格的な味に感動することでしょう。

タンドーリ＝タンドール(窯)で焼いた、チキン＝鶏肉。

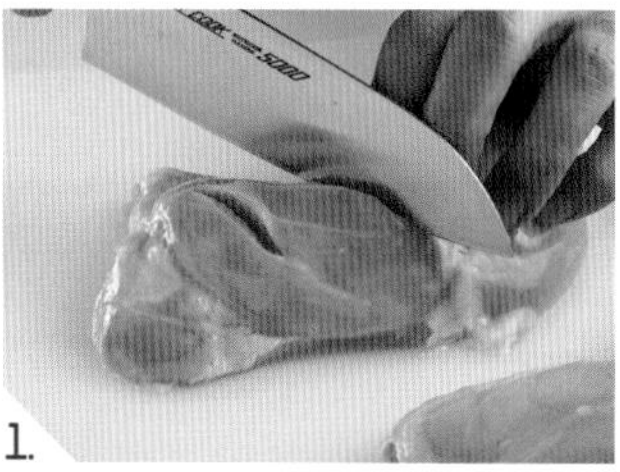

1.
鶏もも骨付き肉は全体に３～４ヶ所、5cm長さ、5mmの深さの切り目を入れる。

2.
１にＡをまぶして全体にしっかりもみ込む。

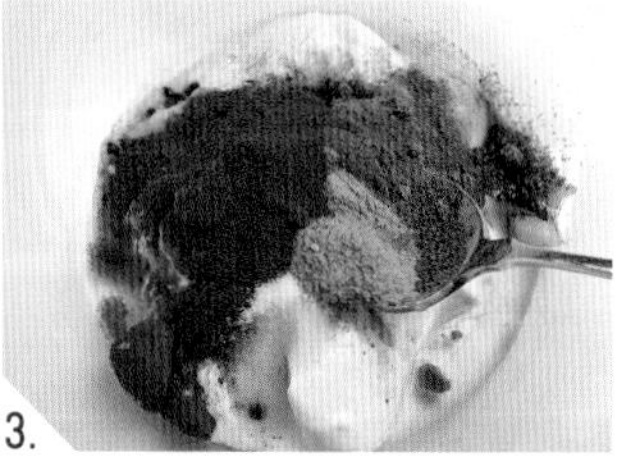

3.
大きめのボウルにマリネ液の材料を合わせ、混ぜてなめらかにする→これが「味のもと」。

4.
３を２にしっかりもみ込む。切り目にもていねいに塗り込む。

5.
マリネ液ごとチャック付き保存袋に入れ、冷蔵庫でひと晩おく。

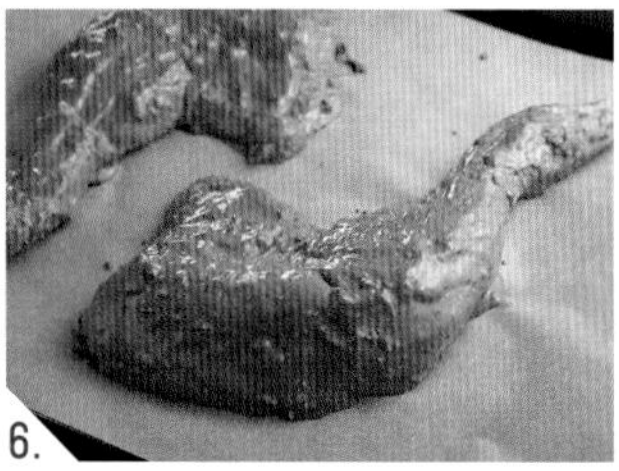

6.
オーブンを230℃に予熱する。天板にオーブンシートを敷き、マリネ液が落ちないように注意しながら、５を皮がついていた面を上にしてのせる。下段で約30分焼き、2等分する。器に盛り、レモンを添える。

材料(4人分)

- 鶏もも骨付き肉(皮をむく)……750g(3本)
- A
  - レモン汁……½個分
  - 塩……小さじ⅓
  - こしょう……少量
- マリネ液
  - プレーンヨーグルト……100g
  - にんにく(すりおろし)……小さじ1
  - しょうが(すりおろし)……小さじ1
  - サラダ油……小さじ1
  - 塩……小さじ1弱
  - ●パウダースパイス
    - パプリカ……大さじ1
    - クミン……小さじ1
    - コリアンダー……小さじ1
    - ガラムマサラ……小さじ1
    - ターメリック……小さじ½
    - カイエンヌペッパー……小さじ⅓
    - クローブ(あれば)……小さじ¼
- レモン(くし形切り)……1切れ

NAIR's advice

本当は「タンドール」という土窯で丸ごと一羽焼くから「タンドーリチキン」といいますが、この本ではご家庭でも作れるオーブンレシピにしています。実は最初にもみ込むレモン汁と塩、こしょうがポイントなので、よくもみ込んでください。僕はこれを“ファーストマリネ”と呼んでいるんです。鶏肉はできれば骨付きがおすすめです。しっとりした焼き上がりになりますよ。

チキン マライティッカ

鶏肉のオーブン焼き、ヨーグルト風味

北インドのおかずらしく、乳製品が味の決め手。クリーミーなコクに青唐辛子の爽やかな辛さと香菜の香りが加わって引き締まった味わいに。

チキン＝鶏肉、マライ＝乳製品、ティッカ＝小さく切り分けた肉。

a.

ほのかに辛くクリーミーなマリネ液をしっかりからませる。これが味つけのすべて。

b.

マリネ後は液がゆるんでいるので、片栗粉で濃度をつけて再びからませてから焼く。

1. ボウルに鶏もも肉を入れて塩、こしょうを軽くもみ込む。
2. ミキサーにペーストの材料を入れて回し、別のボウルに移してAと混ぜ合わせる→これが「味のもと」。1にもみ込む（a）。
3. マリネ液ごとチャック付き保存袋に入れ、冷蔵庫で3時間以上おく。
4. オーブンを230℃に予熱する。天板にオーブンシートを敷き、3に片栗粉を混ぜ合わせて並べ（b）、オーブンで約15分焼く。

NAIR's advice

インド料理には珍しく、辛みや刺激のスパイスを使いません。香りづけのカルダモンだけなので、うちの子どもたちも喜んで食べてくれます。生クリームのおかげで、鶏肉が柔らかく焼き上がるのも、人気の理由みたいですね。大人はおつまみにどうぞ。

材料(4人分)

鶏もも肉(皮をむき、一口大に切る)……600g

マリネ液

ペースト

- 青唐辛子※……2本
- 香菜……10g
- プレーンヨーグルト……大さじ2
- 生クリーム……100㎖

A

- パルメザンチーズ(粉末)……大さじ1
- にんにく(すりおろし)……小さじ2
- しょうが(すりおろし)……小さじ2
- 塩……小さじ1
- ●パウダースパイス
  - カルダモン……小さじ1

片栗粉……小さじ1

塩・こしょう……各適量

※ししとうで代用可。

サグリバーフライ

レバーとほうれん草の炒め

鉄分の豊富な材料を組み合わせた最強の炒めもの。スパイスをしっかり炒めるので、レバーの臭み抜きをしなくても気になりません。

サク＝葉もの野菜の総称。日本ではほうれん草として浸透している。リバー＝レバー、フライ＝炒めもの。

a.
スパイスがなじんだ水分が蒸発しながらレバーにからみ、同時に火もきちんと通る。

1. ほうれん草をさっと湯通しし、軽く水気を絞ってざく切りにする。鶏レバーは数回水を替えながら洗い、一口大に切る。
2. フライパンにサラダ油を軽く温め、ホールスパイスを入れて軽く色づいたらＡを加えて強めの中火で炒める。玉ねぎが薄く色づいたら火を弱め、パウダースパイスと塩小さじ１を加え、焦げないように20～30秒炒め合わせる→これが「味のもと」。
3. 1のレバーを加えて5～6分炒める。途中、水を少しずつ足しながら味をなじませる（a）。
4. トマトと1のほうれん草を加えてさっと炒め合わせ、塩で味をととのえる。

NAIR's advice

パウダースパイスを使う炒めものは、水分が少ないと具になじみにくいので、水を少しずつ足しながら炒めるのが鉄則。お急ぎのときは、パウダースパイスをカレー粉大さじ１で代用しても、意外とおいしく作れますよ。インドではレバーの代わりに柔らかく煮込んだマトンを使うのが定番です。

材料（4人分）

鶏レバー		300g
ほうれん草		1わ
A	玉ねぎ（薄切り）	1/2個分
	にんにく（せん切り）	2かけ分
	しょうが（せん切り）	1かけ分
トマト（ざく切り）		1/2個分
水		適量
サラダ油		大さじ2
塩		適量

■ホールスパイス

赤唐辛子	1本

●パウダースパイス

コリアンダー	小さじ2
クミン	小さじ1
ターメリック	小さじ1/2
カイエンヌペッパー	小さじ1/2

シークカバーブ

ひき肉の串焼き

一口食べると、肉の旨みとスパイスの香りが広がってオリエンタルな気分に。そのままでもおいしく食べられますが、香菜やミントの個性的なソースを添えると、インドらしさが倍増です。

シーク＝長い串、カバーブ＝焼いた肉。肉を長い串に刺したという意味。

材料(6本分)

合いびき肉……300g
玉ねぎ(みじん切り)……50g

A
香菜(みじん切り)……1/2株分
にんにく(すりおろし)……小さじ1
しょうが(すりおろし)……小さじ1
塩……小さじ3/4

サラダ油……適量
グリーンチャトニー(下記)……適量

●パウダースパイス
コリアンダー……小さじ2
ガラムマサラ……小さじ1
黒こしょう……小さじ1/2
カイエンヌペッパー……小さじ1/4

1. フライパンにサラダ油大さじ1を軽く温め、玉ねぎを入れて強めの中火で薄く色づくまで炒め、大きめのボウルに入れて粗熱をとる。

2. 1にA、パウダースパイスを入れて混ぜる→これが「味のもと」。合いびき肉を加え、ひき肉の粒をつぶすようにしながらしっかり練って粘りを出し、冷蔵庫で30分休ませる。

3. オーブンを230℃に予熱する。手にサラダ油を塗り、2を6等分してまとめ、金串を包むように細長く形作る。両端は細めにする。

4. 天板にオーブンシートを敷いて3を並べ、オーブンの下段で15分焼く。器に盛り、グリーンチャトニーを添える。

NAIR's advice

肉だねは手でにぎるようにしてしっかり練り、串の両端を細く形作ると、串からはずれる心配がありません。インドではタンドール(窯)で焼きます。

グリーンチャトニーの作り方

加熱をせずに作るチャトニーで、青唐辛子の刺激的な辛みと酸味、香菜とミントの爽やかな後味が特徴のソース。おもに、焼いた肉やタンドーリチキンなど、肉料理によく合います。

材料(作りやすい分量)

香菜……20g
ミント……ひとつかみ
青唐辛子※……2本
プレーンヨーグルト……小さじ1
レモン汁……大さじ1
砂糖……小さじ1
塩……小さじ1/2

※ししとうで代用可。

すべての材料をミキサーにかけてペースト状にする。回りにくければ、水少量を加える。保存は冷蔵庫で2日間。

北インドのチーズ「パニール」を自家製で

乳製品が豊富な北インドでは、家庭でもチーズをよく手作りします。できたてのチーズはフレッシュで、贅沢な味わい。そのまま食べて乳製品のダイレクトな旨みを感じるもよし、カレーに入れるもよし。ほかに揚げて野菜と一緒に炒めたり、スパイスをかけておつまみに、デザート代わりに甘くしたりと、さまざまに楽しめます。案外簡単にできるので、ぜひ作ってみてください。

パニール

インド風 チーズ

材 料(1個分)

A	牛乳※	1ℓ
	生クリーム	200mℓ
酢		大さじ3

※低脂肪のものはコクが出ないので避ける。

1. 鍋にAを入れて火にかけ、混ぜながら、静かにゆれるくらいの状態で2〜3分沸かす。

2. 火を止めて酢を加え、やさしく混ぜる。

3. ぽろぽろと固まってきたらOK。

4. ざるに固く絞ったぬれぶきんを敷き、3をあけて水分をきる。

5. ふきんごと冷水にさらしてよく冷まし、ギュッと絞る。

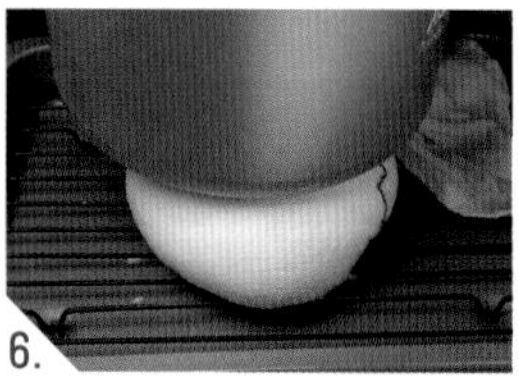

6. ふきんでつつんだまま、網にのせて重石をし、2〜3時間おき、冷蔵庫でひと晩おく。

NAIR's advice

牛乳だけで作る場合もありますが、生クリームを入れるとコクが出ておいしいですよ。焦げやすいので、火にかけたらずっと混ぜていてください。インドでの修業時代は、一度に大鍋で50人分ほど作るので、汗だくになりながらずっと混ぜていたんですよ。パニール作りをするたびに、そのときの暑さを思い出します。

＼パニールを使って／

ナイルさんおすすめ！

パニールのはちみつと黒こしょうがけ

新鮮なパニールは、そのままでも充分おいしいのですが、まろやかな味わいが際立つナイルさんオリジナルの食べ方を教えていただきました。辛みと甘みが互いに引き立て合い、あとひく味に。おつまみに、デザートに大人も子どもも楽しめます。

パニール（→ p.70）を食べやすく切り、ひきたての黒こしょうとはちみつをかける。黒こしょうは多めにかけるとおいしい。

カダイパニール

パニールのスパイス炒め

いつもの「味のもと」を作ってからめるだけ。口の中でトマトピューレの甘みとパニールのコクが混ざって、深い味わいを生みます。

カダイ＝手つきの器（写真のもの）、パニール＝チーズの名前。

材料(4人分)

	パニール（→p.70。1cm角に切る）	1個分
	ピーマン（食べやすく切る）	3個分
A	玉ねぎ（みじん切り）	1個分
A	にんにく（みじん切り）	1かけ分
A	しょうが（みじん切り）	1かけ分
B	水	200mℓ
B	トマトピューレ	100mℓ
B	バター	10g
	サラダ油	大さじ3
	塩	適量

■ホールスパイス

クミンシード	小さじ1
黒こしょう	10粒
カスリメティ（仕上げ用。あれば）	大さじ1

●パウダースパイス

コリアンダー	小さじ2
ガラムマサラ	小さじ1
ターメリック	小さじ1/2
クミン	小さじ1/2
カイエンヌペッパー	小さじ1/4

1. 鍋にサラダ油を軽く熱し、カスリメティ以外のホールスパイスを加えてクミンシードが泡立つまで炒める。
2. Aを加えて玉ねぎが色づくまで炒め、パウダースパイス、塩小さじ1弱を加えて焦げないように20～30秒炒める。
3. Bを加えてなじませ、ひと煮立ちしたら火を弱め、蓋をして約5分煮る→これが「味のもと」。
4. ピーマンを加えて炒め合わせ、カスリメティをもみ入れてざっくりと混ぜる。パニールを加えてそっと混ぜ合わせる。

アルーマサラ

じゃがいものスパイス炒め

スパイス風味のしっとりホクホクじゃがいもと香ばしいナッツの食感がお楽しみ。「味のもと」はちょっと辛めに作り、やさしい味のじゃがいもをスパイシーに仕立てます。

アルー＝じゃがいも、マサラ＝複合スパイス。

材料(4人分)

	じゃがいも(一口大に切る)	3個分
A	玉ねぎ(薄切り)	1/2個分
A	しょうが(せん切り)	1かけ分
A	青唐辛子※(斜め薄切り)	2本分
A	カシューナッツ(塩分不使用)	20g
	バター	10g
	水	適量
	香菜(みじん切り)	大さじ1
	サラダ油	大さじ2
	塩	適量

■ホールスパイス

マスタードシード	小さじ1/2
赤唐辛子	2本

●パウダースパイス

ターメリック	小さじ1
カイエンヌペッパー	小さじ1/2

※ししとうで代用可。

1. じゃがいもを堅めにゆで、湯をきって火にかけ、鍋をふって表面の水分をとばし、粉ふきにする。

2. フライパンにサラダ油を軽く温め、マスタードシードを入れて蓋をする。はねがおさまったらAと赤唐辛子を加え、強めの中火でカシューナッツがこんがりと色づき、玉ねぎが明るめに色づくまで炒める。

3. 火を弱め、パウダースパイスと塩小さじ1を加える。

4. 焦げないように20～30秒炒め合わせる→これが「味のもと」。

5. 1のじゃがいも、バター、水少量を加えて中火にして混ぜる。途中混ぜにくければ、水少量を加えてスパイスが鍋に残らないように混ぜ合わせる。

6. 香菜を加えて大きく混ぜ、塩で味をととのえる。

NAIR's advice

じゃがいもがべちゃっとしないよう、下ゆでは堅めに。そして玉ねぎベースの「味のもと」に加えたら、水を加えるのがコツ。つぶすことなくなめらかに炒められて、スパイス風味もしっかりつけられます。インドでは朝食に、チャパティ(→p.106)のようなパンで挟んでよく食べています。

アルーゴビ

じゃがいもとカリフラワーのスパイス炒め

淡泊な味わいの野菜だから、一緒に炒め煮にしたスパイスの香りがしっかりと楽しめます。仕上げにたっぷり入れるレモンの酸味がポイント。

アルー＝じゃがいも、ゴビ＝カリフラワー。

1. じゃがいも、カリフラワーは堅めに下ゆでし、水気をきる。
2. フライパンにサラダ油を軽く温め、ホールスパイスを入れ、中火で泡立つまで炒める。Aを加えて手早く炒め、蓋をしてさっと火を通す。蓋を開けて弱火にし、パウダースパイスと塩小さじ1弱を加え、焦げないように20～30秒炒める。
3. 水を加えて中火にし、炒め煮にして全体をとろっとペースト状にする→これが「味のもと」。
4. 1を3に加えて炒め合わせ、水分がとんで均一に混ざったら香菜を加え、レモン汁を入れて炒め合わせる。塩で味をととのえる。

NAIR's advice

野菜は炒め煮にすることを考えて、下ゆでのしすぎに注意します。とくにカリフラワーはボロボロと柔らかく水っぽくなってしまいますよ。レモンはフレッシュ感が命。搾りたてを入れましょう。

材料(4人分)

	じゃがいも(一口大に切る)	400g(大2個分)
	カリフラワー(一口大に切る)	300g(1株分)
A	にんにく(すりおろし)	小さじ2
A	しょうが(すりおろし)	小さじ2
	水	大さじ4～5
	香菜(みじん切り)	1株分
	レモン汁	1/2個分
	サラダ油	大さじ2
	塩	適量

■ホールスパイス

クミンシード	小さじ1

●パウダースパイス

コリアンダー	小さじ2
ターメリック	小さじ1/2
カイエンヌペッパー	小さじ1/2

ゴビマサラ

カリフラワーのスパイス炒め

カレーと同様にマサラを丁寧に作って炒め合わせる北インドならではの正統派レシピ。シャープな辛みの奥にカスリメティの風味とヨーグルトのコクが際立つ本格味をお楽しみください。チャパティとの相性も抜群。

ゴビ＝カリフラワー、マサラ＝複合スパイス。

a.

手のひらに押しつけるようにもんで加えると、より豊かな香りが立つ。

1. カリフラワーは沸騰した湯でさっと下ゆでして水気をきる。
2. 鍋にサラダ油を熱してクミンシードを入れ、ふつふつと泡立ち香りが立ったらAを加えて強めの中火で炒める。
3. 全体に色づいたら、トマトを加えてつぶしながらほぼペースト状になるまで炒める。
4. 弱火にしてパウダースパイスと塩小さじ1/2を加え、焦げないように20～30秒炒める→これが「味のもと」。
5. プレーンヨーグルトを加えて混ぜ、カスリメティを手でもんで加えて（a）混ぜる。
6. 1を加えてなじませながらクタクタに煮て、塩で味をととのえ、レモン汁を加えて混ぜる。

NAIR's advice

カリフラワーは下ゆでして、ある程度柔らかくしておき、マサラと合わせてほろほろとした食感に仕上げるのが正解。インドでゴビマサラとチャパティの取り合わせは鉄板です。ぜひ一口大にちぎったチャパティでつまんでお召し上がりください。ちなみにメインのカレーとして作るなら、鶏肉のミートボールを入れるのがおすすめです。

材料(4人分)

カリフラワー（小房に分ける）……520g

A
- 玉ねぎ（みじん切り）……1個分
- にんにく（みじん切り）……4かけ分
- しょうが（みじん切り）……2かけ分
- 青唐辛子（小口切り）……1本分

トマト（ざく切り）……1個分
プレーンヨーグルト……100g
レモン汁……小さじ1
サラダ油……大さじ3
塩……適量

■ホールスパイス
- クミンシード……小さじ1
- カスリメティ（あれば）……大さじ1

●パウダースパイス
- コリアンダー……小さじ2
- カイエンヌペッパー……小さじ1/4
- ターメリック……小さじ1/3
- ガラムマサラ……小さじ1

ビンディー
マサラ

オクラのスパイス炒め

オクラは縦に切るのがポイント。火が通りやすく粘りも出て、旨みたっぷりスパイシーな「味のもと」がしっかりとからみます。

ビンディー＝オクラ、マサラ＝複合スパイス。

1. フライパンにサラダ油を軽く温め、ホールスパイスを入れて泡立つまで炒める。
2. Aを加え、強めの中火で玉ねぎが薄く色づくまで炒める。トマトを加えてつぶし、水分をとばしながら炒める。
3. 火を弱めてパウダースパイスと塩小さじ1/2を加え、焦げないように20～30秒炒める→これが「味のもと」。
4. オクラを加えて中火にし、炒め合わせる。水を加えて味をなじませ、蓋をして弱火で3～4分蒸し煮にし、塩で味をととのえる。

NAIR's advice

実はこの炒めもの、作り方の1～3は北の万能マサラ（→ p.58）と同じ手順。スパイシーな味のもとを作って、素材を入れて炒め合わせるシンプルな作り方で、インド料理の基本が詰まっている料理なんです。香味野菜の切り方が異なりますが、作りおきの万能マサラがあればフライパンで温めて、4から作ってもいいですよ。

材料（4人分）

オクラ（ヘタを落として縦半割り）……24本分

A
- 玉ねぎ（薄切り）……1/2個分
- にんにく（せん切り）……1かけ分
- しょうが（せん切り）……1かけ分

トマト（ざく切り）……1/2個分

水……少量

サラダ油……大さじ2

塩……適量

■ホールスパイス

クミンシード……小さじ1

●パウダースパイス

コリアンダー……小さじ2

ターメリック……小さじ1

カイエンヌペッパー……小さじ1/3

グジャラディー ビンディー

オクラのスパイス揚げ

スパイス、ヨーグルト、ココナッツの濃くて複雑な味のペーストを詰めて揚げるだけ。豊富な野菜をおいしく食べるインドの知恵です。

グジャラディー＝グジャラート州の、ビンディー＝オクラ。

a.
穴を開けないと揚げている間に蒸気でふくらみ、弾けてやけどすることも。

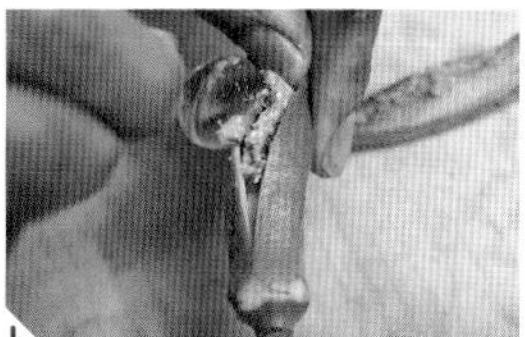

b.
左手で切り目をしっかり開いて、ペーストを隙間なくたっぷり詰める。

c.
ペーストができるだけ油に出ないよう、切り目を上にして揚げる。

1. オクラは洗って水気を拭き取る。フォークで2ヶ所ほど刺し（a）、さらに縦に切り目を入れる。
2. Aとパウダースパイスを混ぜ合わせ、Bを加えてさらによく混ぜる。塩味が足りなければ加える→これが「味のもと」。
3. 1の切り目に2を詰める（b）。
4. 小さいフライパンに揚げ油を1cm高さに入れ、170℃に熱して3を入れる（c）。フライパンを斜めにして全体に油を回しながら揚げ、油をきって好みで塩をふる。器に盛り、ココナッツファインをふる。

NAIR's advice

ちょっとつまむスナックや前菜向きの料理です。揚げる前まで仕込んでおけるので、人が来る日などにとても便利。辛みはお好みで調整してください。この揚げ油はスパイスやにんにく、しょうがの香りが移っているので、捨てないように。ほかの炒めものなどに使うと、ぐんと旨みが増しますよ。

材料（作りやすい分量）

	オクラ（ヘタを掃除する）	10本
A	ココナッツファイン	大さじ2
A	砂糖	小さじ1/2
A	塩	小さじ1/2
B	にんにく（すりおろし）	小さじ1
B	しょうが（すりおろし）	小さじ1
B	プレーンヨーグルト	大さじ1
B	サラダ油	小さじ1
B	香菜（粗みじん切り）	ひとつかみ
	揚げ油	適量
	塩	適量
	ココナッツファイン（仕上げ用）	適量

●パウダースパイス

コリアンダー	小さじ1
ターメリック	小さじ1/2
カイエンヌペッパー	小さじ1/3

パコラ

インド風野菜のかき揚げ

インドの定番屋台料理で、小腹がすいたらチャイと一緒にパクリ、おつまみとしてビールと一緒にパクリ。スナック的にいただきます。

a.
ころもの水分は、野菜を塩でもんで出た水分だけ。このほうがさっくりと揚がる。

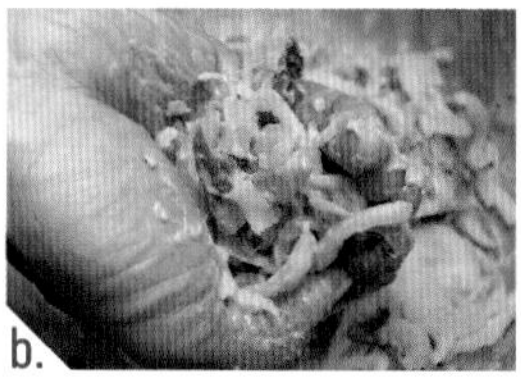

b.
豆の粉のころもを全体にまとわせ、手でにぎって形作るとよい。

c.
泡のパチパチという音が出なくなるまで揚げる。目安は6～7分。

1. ボウルにAを合わせ、塩小さじ1/2を加えてもむ(a)。
2. 別のボウルでB、ホールスパイス、パウダースパイス、塩ふたつまみを混ぜ、1に加え、全体にからませるように混ぜる。
3. 揚げ油を190℃ほどに熱し、2を一口分手にとってまとめ(b)、カリッと揚げる(c)。

NAIR's advice

ころもに使うベースンは、そのままだと少し苦みがありますが揚げるときれいな茶色になって、不思議と香ばしくていい香りになります。上新粉も使うので、ふっくらカリッとした食感も加わりますよ。何もつけずにそのまま食べるので、下味つけのときにしっかり塩をきかせましょう。

材料(4人分)

A	玉ねぎ(薄切り)	1個分
	青唐辛子※1(斜め薄切り)	4本分
	しょうが(せん切り)	1かけ分
	香菜(みじん切り)	ひとつかみ
B	ベースン※2	50g
	上新粉	大さじ2
塩		適量
揚げ油		適量

■ホールスパイス※3

カレーリーフ(生。あれば。粗く刻む)……10枚分

●パウダースパイス

カイエンヌペッパー……ふたつまみ

ヒン(あれば)……小さじ1/4

※1 ししとうで代用可。
※2 ひよこ豆の粉末。
※3 クミンシードを使ってもよい。プチッとした食感が楽しめる。

PART 3

南インドのおかず

古くから農業が盛んな南インドでは、シンプルな野菜炒めや豆料理が多くあります。また海沿いの町が多く、魚介料理も豊富です。暑い土地らしく、全体に味つけはさらりとして、スパイスの刺激もしっかりきいていて、ビールにもぴったり。

プロウンマサラ

えびのスパイス炒め

海沿いの町、ゴアでよく食べるシンプルなえび炒め。しっかりとからんだスパイスの辛みと酢の酸味が食欲をそそります。

プロウン＝えび、マサラ＝複合スパイス。

材料(4人分)

えび……8尾

A
- 玉ねぎ(薄切り)……1/2個分
- 青唐辛子※(斜め薄切り)……2本分

ペースト
- 酢……大さじ2
- にんにく(すりおろし)……小さじ1
- しょうが(すりおろし)……小さじ1
- 塩……小さじ1/2
- ●パウダースパイス
  - コリアンダー……小さじ2
  - クミン……小さじ1
  - ターメリック……小さじ1/2
  - カイエンヌペッパー……小さじ1/3
  - ヒン(あれば)……ふたつまみ

香菜(ざく切り)……適量

水……大さじ1

サラダ油……大さじ2

塩……適量

■ホールスパイス
- マスタードシード……小さじ1/2

※ししとうで代用可。

NAIR's advice

えびにスパイスをしっかりからませたいので、「味のもと」となるペーストは炒めすぎてカラカラにならないように。水分が残っているほうがいいですね。玉ねぎも南インドらしく薄切りに。えびにからみやすいですよ。ご飯のおかずにもお酒のつまみにもぴったりです。

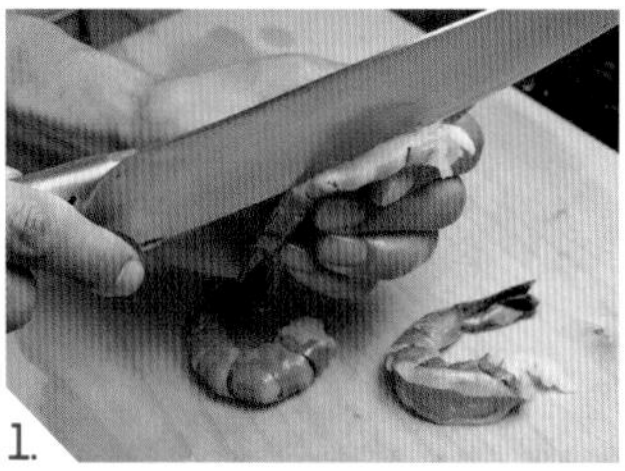

1.
えびは殻をむいて背を切り開き、背わたを取る。

2.
ボウルにペーストの材料を入れ、よく混ぜ合わせる。

3.
フライパンにサラダ油を軽く温め、ホールスパイスを加えて蓋をする。はねがおさまったらAを加え、強めの中火で玉ねぎがほんのり色づくまで炒める。2を加える。

4.
焦げないように20～30秒炒め合わせ、スパイスの香りを立たせる。

5.
水を加えてペーストをしっかりなじませる→これが「味のもと」。すぐに1を加える。

6.
えびにペーストをからませながら炒め、火が入ったら香菜を混ぜ、塩で味をととのえる。

フィッシュマサラ

揚げ魚のスパイス和え

見た目からトマト味のように思えて、意外にトマトの主張は強くありません。スパイスの香りが生きた奥深い旨みがからんで、めかじきがより美味に。

フィッシュ＝魚、マサラ＝複合スパイス。

a.
揚げ油は、めかじきの半分の高さでよい。魚を入れるとちょうど浸かる量になる。

b.
ソースは写真ぐらいに煮詰めて味を凝縮させる。煮詰まりすぎたら水を少量加える。

1. めかじき1切れを2～3等分に切る。レモン汁、塩少量、ターメリックをなじませて15分おく。
2. 小さいフライパンに揚げ油を熱し、1を入れて両面を揚げ焼きする（a）。
3. 2の揚げ油大さじ2を別のフライパンに入れて軽く温め、ホールスパイスを加える。色づいたらAを加え、強めの中火で玉ねぎが色づくまで炒める。残りのパウダースパイス、塩小さじ1/2を加えてさっと炒め合わせる。
4. Bを加え、全体に味がなじむまで少し煮詰め、塩で味をととのえる→これが「味のもと」。2を入れてやさしくからませる（b）。器に盛り、青唐辛子をのせる。

NAIR's advice

ほかに真あじ、いわし、まながつおなど、身の柔らかめのやさしい味の魚でもおいしいですよ。インドではご飯を盛った皿にとって、混ぜていただきます。

材料(4人分)

	めかじき	大3切れ
	レモン汁	1/2個分
A	玉ねぎ(みじん切り)	1/2個分
A	青唐辛子※(みじん切り)	2本分
A	にんにく(せん切り)	1かけ分
A	しょうが(せん切り)	1かけ分
B	トマトピューレ	100ml
B	酢	小さじ1
B	水	100ml
	揚げ油	適量
	塩	適量
	青唐辛子※(仕上げ用。斜め薄切り)	適量

■ホールスパイス

フェンネルシード	小さじ1/2

●パウダースパイス

ターメリック(めかじき用)	小さじ1/2
コリアンダー	小さじ2
クミン	小さじ1
ターメリック	小さじ1/2
カイエンヌペッパー	小さじ1/4

※ししとうで代用可。

フィッシュフライ

魚のスパイス焼き

海沿いの街、ケララでは一人一尾で供するのがおもてなしのごちそう。たっぷり使うレモンの酸味と焼いた香ばしさで、おいしさがぐっとアップします。

フィッシュ＝魚、フライ＝炒める。

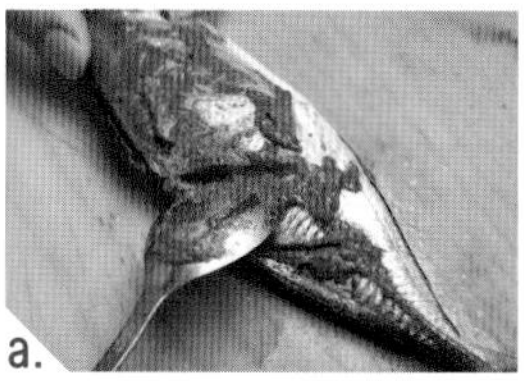

a.
切り目は少し深めに入れ、ペーストをたっぷりと塗りつけるとおいしい。

b.
フライパンは魚一尾がきちんと入るサイズのものを。蓋をして中まで蒸し焼きにする。

1. ボウルにAとパウダースパイスを入れてよく混ぜる→これが「味のもと」。
2. 真あじの両面に2～3ヶ所ずつ切り目を入れ、塩、こしょうをふる。
3. 2の切り目に1をたっぷり塗り（a）、冷蔵庫で1時間ほどおく。
4. フライパンにサラダ油を中火で熱し、3を入れる（b）。蓋をし、弱火にして7～8分蒸し焼きにする。ひっくり返して同様に焼く。皿に盛って香菜を散らす。

NAIR's advice

時間をかけて蒸し焼きにした魚はしっとりと火が入っていて、身がすぐにほぐれます。内臓を抜かないの？　と思われるかもしれませんが、インドでは手で崩しながら食べるので、内臓を抜く習慣がないんですよ。

材料（4人分）

真あじ		大2尾
A	にんにく（すりおろし）	小さじ1
	しょうが（すりおろし）	小さじ1
	レモン汁	1個分
	塩	小さじ1/2
	水	大さじ2
サラダ油		大さじ4
塩・こしょう		各少量
香菜（仕上げ用。ざく切り）		適量

●パウダースパイス

コリアンダー	小さじ2
クミン	小さじ1
パプリカ	小さじ1
ターメリック	小さじ1/2
カイエンヌペッパー	小さじ1/3
フェヌグリーク（あれば）	小さじ1/2

チキン65 (シックスティーファイブ)

揚げ鶏のスパイス和え

インドで人気のつまみといえば、これ！こんがり鶏の唐揚げに、スパイシーなたれをからませたジャンクな味にビールがすすみます。

料理名には諸説ある。インド海軍の65番目のレシピに載っている、作るのに65プロセス必要、65種類の材料を使うなど。

材料(4人分)

鶏もも肉(皮をむき、一口大に切る)		400g
A	にんにく(すりおろし)	小さじ2
	しょうが(すりおろし)	小さじ2
片栗粉		小さじ2
溶き卵		1個分
B	にんにく(みじん切り)	1かけ分
	しょうが(みじん切り)	1かけ分
	青唐辛子※(みじん切り)	2本分
砂糖		小さじ2
トマトピューレ		大さじ4
香菜(みじん切り)		適量
サラダ油		大さじ2
揚げ油		適量
塩・こしょう		各適量

■ホールスパイス

クミンシード	小さじ1

●パウダースパイス

パプリカ	小さじ1
クミン	小さじ1/2
黒こしょう	小さじ1/2
カイエンヌペッパー	小さじ1/3

※ししとうで代用可。

1. 鶏もも肉に塩、こしょう各少量、Aをもみ込み、すぐに片栗粉をまぶす。溶き卵もからませる。
2. 揚げ油を高温に熱し、1をこんがりするまで揚げ、油をきる。
3. フライパンにサラダ油を軽く温め、ホールスパイスを入れ、泡が立ったらBを入れて炒める。にんにくがほんのり色づいてきたらパウダースパイス、塩小さじ1/2、砂糖を加えて全体になじませる。トマトピューレを加えてなじませ、沸騰させる→これが「味のもと」。
4. 2を入れ(a)、よくからませる(b)。香菜を混ぜて塩で味をととのえる。

a. たれをからませるので、鶏はできるだけカリッと揚げる。

b. フライパンの側面を利用しながら、たれを残らずからませる。

NAIR's advice

揚げた肉ににんにくやしょうが、クミンシード、青唐辛子の甘辛だれをからませる、"インディアン酢豚"のノリの料理ですね。インドでは屋台などにもあるカジュアルな料理で、濃いめの味がご飯のおかずにも絶妙です。

チキンチリフライ

鶏肉の辛み炒め

マリネ液ごと炒めた鶏肉は、不思議に柔らかく仕上がります。酸味、辛み、甘みのバランスがよい南インドらしい味は、お酒のつまみにも。

チキン＝鶏肉、チリ＝唐辛子、フライ＝炒める。

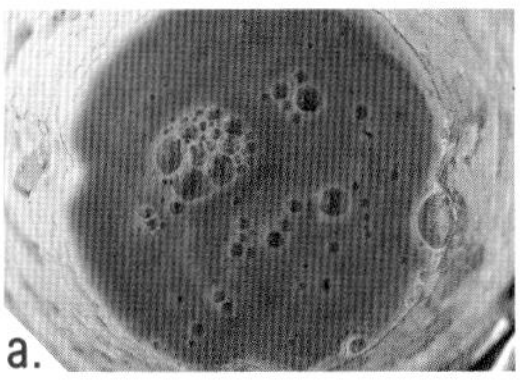

a.
ペーストはかなり水分の多い状態。鶏肉に旨みやスパイスがしみ込みやすくなる。

b.
木べらで広げるようにしながら、どんどん水分をとばしてからませる。

1. マリネ液の材料を適当な大きさに切ってミキサーにかけ、ペースト状にする（a）。ボウルに移し、パウダースパイスを混ぜる→これが「味のもと」。鶏もも肉をもみ込んで30分おく。
2. フライパンにサラダ油を軽く温め、ホールスパイスを加える。赤唐辛子が色づいたら玉ねぎを加え、強めの中火で色づくまで炒める。
3. 1の鶏肉をマリネ液ごと加え、塩小さじ1も加えてよく混ぜて蓋をし、5分蒸し炒めにする。
4. 半分ほど火が通ったら、蓋をとって水分がほとんどなくなるまで炒める（b）。少し焼き色をつけて、香ばしく仕上げ、塩で味をととのえる。器に盛り、香菜を散らす。

NAIR's advice

使う材料は多くても、プロセスは鶏のマリネ→炒めるだけ。マリネ液の水分をとばしながらドライな状態まで炒めるので、時間は少しかかりますが、途中で味つけをしないので意外に簡単です。マリネ液の旨みがどんどん凝縮して鶏肉にからんで、とてもおいしいですよ。

材料（4人分）

鶏もも肉（皮をむき、2cm角に切る）……… 600g
玉ねぎ（薄切り）……… 1/2個分
マリネ液
- 玉ねぎ……… 1/2個
- トマト……… 1個
- にんにく……… 2かけ
- しょうが……… 1かけ
- 青唐辛子※……… 2本
- レモン汁……… 大さじ1

サラダ油……… 大さじ2
塩……… 適量
香菜（仕上げ用。ざく切り）……… 適量

■ホールスパイス
- 赤唐辛子……… 2本
- カレーリーフ（生。あれば）……… 10枚

●パウダースパイス
- コリアンダー……… 大さじ2
- ターメリック……… 小さじ1
- クミン……… 小さじ1
- カイエンヌペッパー……… 小さじ1/2
- 黒こしょう……… 小さじ1/4

※ししとうで代用可。

チキンシチュー

鶏肉のシチュー

ココナッツミルクでさっと煮る南インドの家庭料理。一見クリームシチューのようですが、豊かなスパイスの香りでインドの味に仕上がります。

チキン＝鶏肉、シチュー＝ソースで煮込んだ料理。

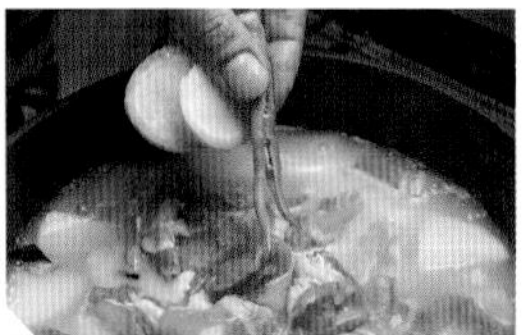

a.
しょうがと青唐辛子は、炒めずに鶏肉とともに鍋へ。フレッシュな香りが楽しめる。

1. 鍋にバターを入れて中火にかけ、半分溶けたらホールスパイスを加えて香りが立つまで炒める→**これが「味のもと」**。
2. にんじん、じゃがいもを加えて油にからめるように炒め、水を加えて沸騰したら約5分煮る。鶏もも肉、Aを加え(a)、沸騰したら2～3分煮る。
3. ココナッツミルク、玉ねぎを加えて沸騰したら弱火にし、約5分煮て、塩小さじ1を加えて味見をし、足りなければ塩で味をととのえる。

材料(4人分)

鶏もも肉(皮をむき、一口大に切る)		600g
にんじん(乱切り)		1/2本分
じゃがいも(乱切り)		2個分
玉ねぎ(一口大に切る)		1個分
A	青唐辛子※(縦に切り目を入れる)	1本
	しょうが(薄切り)	2枚
バター		30g
水		400mℓ
ココナッツミルク		400mℓ
塩		適量

■ホールスパイス

カルダモン	10粒
クローブ	10粒
シナモン	2片

※ししとうで代用可。

NAIR's advice

この料理は日本の肉じゃがみたいな、普段のおかずです。みじん切りや玉ねぎ炒めがないから驚くほど早く作れるんです。ホールスパイスが多めですが、煮込まないから味が強くならず、爽やかな香りもたっぷり。カレーでいうグレイビーレベル1でスープのような感じです。翌日、じゃがいもが溶けるとレベル8ほどの濃度になるので、パンと一緒に食べてもおいしいですよ。

アビエル

野菜のココナッツ炒め

炒めて香り立つココナッツとバナナのやさしい甘みが、相性抜群。野菜がたっぷり食べられます。

アビエル＝短冊状に切った野菜をココナッツで炒める料理。

材料(4人分)

にんじん(3cm長さの拍子木切り)……1本分
じゃがいも(3cm長さの拍子木切り)……1個分
さやいんげん(筋を取って3等分)……100g
バナナ(3cm長さの拍子木切り)……1本分

ペースト
- ココナッツファイン……50g
- プレーンヨーグルト……大さじ3
- 青唐辛子※(ちぎる)……2本分
- 水……100mℓ
- ■ホールスパイス
  - クミンシード……小さじ1

水……100mℓ
サラダ油……大さじ1
塩……適量

●パウダースパイス
ターメリック……小さじ1/4

テンパリング
- サラダ油……大さじ1
- ■ホールスパイス
  - マスタードシード……小さじ1/2
  - カレーリーフ(生。あれば)……10枚
- ●パウダースパイス
  - ヒン(あれば)……ひとつまみ

※ししとうで代用可。

a.
野菜の煮上がりは、やや堅めでOK。

b.
ペーストに火を入れながら野菜にからませ、ココナッツの香りを立たせる。

1. ペーストの材料をミキサーに入れ、クミンシードが粗びきになるまで回す→これが「味のもと」。
2. 鍋にサラダ油を軽く温め、にんじん、じゃがいもを入れ、油をからませて水を加え、蓋をして4～5分蒸し煮にする。パウダースパイス、塩小さじ1を加えて均一に混ぜ合わせる。
3. さやいんげん、バナナも加えて炒め合わせ(a)、1を加えて全体に混ぜてなじませ(b)、蓋をして5分蒸し煮にする。
4. 小さいフライパンにテンパリング用のサラダ油を軽く温め、マスタードシードを入れて蓋をし、はねがおさまったら残りのスパイスを加えてなじませ、3に加えてよく混ぜる。塩で味をととのえる。

NAIR's advice

北インドの野菜炒めより短時間で作るので、スパイスの風味づけは仕上げのテンパリングで行います。料理にフルーツを入れるのは南インドらしい使い方。インドでは未熟の甘くない青バナナを使うんですよ。

ゴーヤのトーレン

にがうりの炒めもの

くたくた直前までしっかりと炒め煮に。ゴーヤの青い香りと苦み、スパイスの香り、ココナッツの甘みが一体化して絶妙なおいしさ！

材料(4人分)

ゴーヤ(わたを取って1mm厚さの半月切り)……2本分
A 玉ねぎ(みじん切り)……1/4個分
A にんにく(みじん切り)……1かけ分
ココナッツファイン……大さじ2
水……適量
サラダ油……大さじ2
塩……適量

■ホールスパイス
赤唐辛子……1本
マスタードシード……小さじ1/2

●パウダースパイス
カイエンヌペッパー……小さじ1/2
ターメリック……小さじ1/3

1. フライパンにサラダ油を軽く温め、マスタードシードを入れて蓋をする。はねがおさまったら赤唐辛子を加え、さっと炒める。
2. Aを加えて強めの中火で炒め、玉ねぎの縁が色づいたらパウダースパイスとココナッツファイン、塩小さじ1/2を加え、香りが立つまで炒める→これが「味のもと」。
3. ゴーヤを加え、水を少量加えてスパイスをなじませ、なじまなければ水を足す。弱火にして蓋をし、柔らかくなったら塩で味をととのえる。

NAIR's advice

しっかり火を入れるのは、暑い南インドで保存性を高める知恵でもあるんですよ。

パプリカのトーレン

パプリカの炒めもの

パプリカは食感を少し残して仕上げましょう。パプリカの甘みを味わった余韻をしょうがの香りと唐辛子の刺激が、キレ味よくしてくれます。

トーレン＝ケララ語で炒めもの。ココナッツはファインを使う。

材料(4人分)

赤パプリカ(2cm長さの細切り)……2個分
黄パプリカ(2cm長さの細切り)……1個分
A 玉ねぎ(みじん切り)……1/2個分
A しょうが(みじん切り)……1かけ分
A 青唐辛子※(みじん切り)……1本分
ココナッツファイン……大さじ2
水……適量
サラダ油……大さじ2
塩……適量

■ホールスパイス
赤唐辛子……2本
マスタードシード……小さじ1/2

●パウダースパイス
カイエンヌペッパー……小さじ1/3
ターメリック……小さじ1/3
フェヌグリーク(あれば)……小さじ1/3

※ししとうで代用可。

1. フライパンにサラダ油を軽く温め、マスタードシードを入れて蓋をする。はねがおさまったら赤唐辛子を加えてさっと炒める。
2. Aを加えて強めの中火で炒め、玉ねぎの縁が色づいたら、ココナッツファイン、パウダースパイス、塩小さじ1弱を加え、香りが立つまで炒める→これが「味のもと」。
3. パプリカ2種を加えて炒め合わせ、水を少量加えてなじませ、なじまなければ水を足す。弱火にして蓋をし、柔らかくなったら塩で味をととのえる。

キャベツのポリヤル
キャベツの炒めもの

豆をホールスパイスのように炒めるのも、南インドのワザ。甘いキャベツに香ばしさがプラスされて、いいアクセントになります。

材料(4人分)

キャベツ(太めのせん切り)	500g
A 玉ねぎ(みじん切り)	1/4個分
A にんにく(みじん切り)	大1かけ分
豆(チャナダール)※	小さじ2
ココナッツロング	大さじ2
水	適量
サラダ油	大さじ2
塩	適量
■ホールスパイス	
マスタードシード	小さじ1
●パウダースパイス	
ターメリック	小さじ1
カイエンヌペッパー	小さじ1/3

※ひよこ豆のひき割り。

1. フライパンにサラダ油を軽く温め、豆とホールスパイスを入れて蓋をする。はねがおさまったらAを加え、強めの中火で炒める。
2. 玉ねぎの縁が色づいたらココナッツロング、パウダースパイス、塩小さじ1/2を加えてさっと炒める。
3. キャベツを加え、全体にからませる。水を少量加えてなじませ、なじまなければ水を足す。弱火にして蓋をし、柔らかくなったら塩で味をととのえる。

にんじんのポリヤル
にんじんの炒めもの

インドではたっぷり作って常備菜のようにいただきます。冷めてもおいしいのでお弁当のおかずにも向きます。いんげんでもお試しを。

ポリヤル＝タミール語で炒めもの。ココナッツはロングを使う。

材料(4人分)

にんじん(1.5cm長さの細切り)	500g
A 玉ねぎ(みじん切り)	1/4個分
A にんにく(みじん切り)	大1かけ分
豆(チャナダール)※	大さじ1
ココナッツロング	大さじ1
水	適量
サラダ油	大さじ2
塩	適量
■ホールスパイス	
赤唐辛子	1本
マスタードシード	小さじ1/2
●パウダースパイス	
ターメリック	小さじ1
カイエンヌペッパー	小さじ1/2

※ひよこ豆のひき割り。

1. フライパンにサラダ油を軽く温め、マスタードシードを入れて蓋をする。はねがおさまったら豆、赤唐辛子、Aを加え、強めの中火で炒める。
2. 玉ねぎの縁が色づいたらココナッツロング、パウダースパイス、塩小さじ1/2を加えてさっと炒める→これが「味のもと」。
3. にんじんを加え、全体にからませながら水を少量加えてなじませ、なじまなければ水を足す。弱火にして蓋をし、柔らかくなったら塩で味をととのえる。

ワダ

豆のドーナツ

豆を味わうシンプルな揚げスナック。口に入れるとほわっと豆やスパイスの香りが広がります。ココナッツチャトニーがつきものです。

a.

ペーストの状態。ミキサーが回らなければ、水大さじ1ずつ加えては様子をみる。

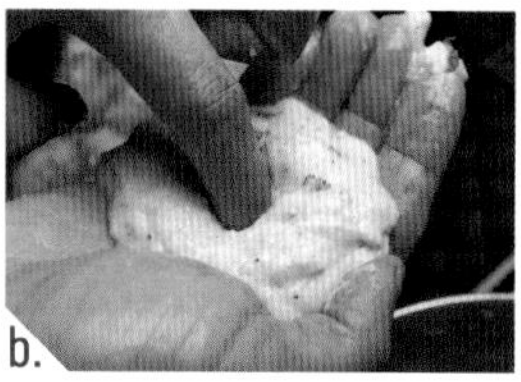

b.

ドーナツ状にして中心に火が通りやすくする。柔らかい生地なので、すぐに揚げる。

1. 豆は軽く洗って、倍量の水に2時間浸ける。水をきって、しょうが、ホールスパイスとともにミキサーにかけてペースト状にする(a)。
2. ボウルに移し、A、塩、パウダースパイスをよく混ぜる。
3. 揚げ油を中温に熱する。手に水をつけ、2をゴルフボール大にとり、真ん中に指を入れて広げてドーナツ状にし(b)、じっくりと揚げる。器に盛り、ココナッツチャトニーを添える。

NAIR's advice

豆をペースト状にするときにはあればフードプロセッサーやハンディーブレンダーを使うとより簡単でしょう。ミキサーを使うときは、根気強く。南インドの定食、ミールスには必ず添えられる1品で、サンバル（→ p.52）やラッサム（→ p.56）と食べてもおいしいですよ。ホテルの朝食にも欠かせません。

材料(4人分)

豆(ウダットダール)※1 …… 200g
しょうが(4等分に切る) …… 1かけ分
A 玉ねぎ(みじん切り) …… 1/4個分
A 青唐辛子※2(みじん切り) …… 3本分
A 香菜(みじん切り) …… ひとつかみ
塩 …… 小さじ1強
揚げ油 …… 適量
ココナッツチャトニー(→ p.111) …… 適量

■ホールスパイス
黒こしょう(豆用) …… 小さじ1
カレーリーフ(生。あれば) …… 10枚

●パウダースパイス
ヒン(あれば) …… 小さじ1/4

※1 日本語で毛蔓小豆（けつるあずき）と呼ばれる豆のひき割り。
※2 ししとうで代用可。

ウップマ

全粒粉のそばがき風

南インドの朝ごはんの定番。全粒粉を練った、スパイス少なめのやさしくて素朴な味わいで、モチッとした食感はそばがきのよう。

ウップ＝塩味の、マ＝練った状態。

最初は全粒粉を少しずつ加え、なじませていく。

軽くとろみがついたら残りの粉を全部加え、ダマができないようしっかりと混ぜる。

生地がフライパンに残らず、ひとまとまりになったら混ぜ終わり。

1. 全粒粉をよくふるっておく。
2. フライパンにサラダ油を軽く温め、マスタードシードを入れて蓋をする。はねがおさまったらB、残りのスパイスを加えてよく炒め、Aを加えて強めの中火で炒める。玉ねぎがしっかり色づいたら塩小さじ1弱で味つけする。
3. 水を加え、沸騰したらよく混ぜ、1を混ぜる（a、b）。ひとまとまりになったら（c）、蓋をして弱火で2分蒸し炒めにする。塩で味をととのえる。

NAIR's advice

この料理は小麦粉を使うのが定義で、硬質小麦のセモリナで作る人もいます。僕はインドでよく使われる小麦粉、全粒粉で作ってみました。インドでは晩ごはんが遅くて油っぽいものも多いので、朝食はシンプルに、このような粉を練っただけの素朴な料理が多いんです。お母さんがたっぷり作って大皿に盛り、みんなで少しずつつついて食べるんですよ。

材 料(4人分)

全粒粉[※1] …… 100g

A
- 玉ねぎ(みじん切り) …… 1/4個分
- 青唐辛子[※2](みじん切り) …… 2本分
- しょうが(みじん切り) …… 1かけ分

B
- カシューナッツ …… 大さじ2
- 豆(チャナダール)[※3] …… 小さじ1
- 豆(ウダットダール。[※4]あれば) …… 小さじ1

水 …… 400㎖

サラダ油 …… 大さじ3

塩 …… 適量

■ホールスパイス
- マスタードシード …… 小さじ1/2
- クミンシード …… 小さじ1/2
- カレーリーフ(生。あれば) …… 10枚

●パウダースパイス
- ヒン(あれば) …… ふたつまみ

※1 インド名ではアタという。
※2 ししとうで代用可。
※3 ひよこ豆のひき割り。
※4 日本語で毛蔓小豆（けつるあずき）と呼ばれる豆のひき割り。

もっと知りたい！ナイルレストラン

①ムルギーランチ

東銀座にある「ナイルレストラン」は、日本で初めてできた本格インド料理の店として、長く皆さんに愛されています。そしてお客さまの約９割が召し上がるのが、「ムルギーランチ」。ときどきテレビや雑誌などでも紹介されるので、ご存じのかたも多いかもしれません。どんな料理かというと、もちろんカレー。150日以上かけて育てるしっかり締まった良質な鶏肉を７時間以上かけてゆっくり柔らかく煮込み、岩手県から取り寄せる最高級の米を合わせています。テーブルに運ぶとすぐ、スタッフがナイフで慣れた手つきですするすると骨から身をはずし、「よくよく混ぜてどうぞ」とおすすめするのがお約束。お決まりのエピソードですが、混ぜると本当においしくなるんです。付け合わせのスパイスで煮た野菜もしっかり混ぜると、新しい味に出合えます。

もちろん店にはメニューがあって、このムルギーランチ以外にもさまざまな料理があります。お客さまのなかには「今日は違うものを食べるぞ！」とメニューを頼まれることもあるのですが、「やっぱりムルギーランチで」とおっしゃるかたがほとんど。一度味わうとまた食べたくなる、不思議な魅力があるようです。

祖父の代から味が変わらず、もちろんこれからも変えずに供します。ぜひお店で「ムルギーランチ」体験をしてください。

お客さんの目の前で、あっという間に骨から身をはずす技は、一見の価値あり。店内２階の壁一面の絵には、神さまにムルギーランチを献上する姿が。

もっと知りたい！ナイルレストラン

②インデラ・カレー

インデラ・カレーというカレー粉をご存じでしょうか？　今も1952年(昭和27年)発売当時のパッケージのままで、レトロなデザインも含めて長くご愛顧いただいています。このカレー粉は僕の祖父であるA.M.ナイルと、カレー粉製造メーカーの「ナイル商会」創業者・小泉忠三郎さんの出会いによって誕生したもの。当時祖父はエスビー食品に籍をおき、カレー粉の開発に励んでいたそうですが、もっと自分好みに作りたいという想いで小泉氏と開発を始めました。試行錯誤を重ね、15種のスパイスを胴搗き製法で丁寧に香りを引き出した風味豊かなカレー粉が完成。スパイスは数が多いほどいいと思われがちですが、実は必要最小限を厳選し、それぞれの持ち味を生かすのがインド流です。とある雑誌でインデラ・カレーを「洋風だしのようなふくらみのある豊かな香り」と評していただいたことがあります。これはエスビー食品での経験を生かして、旨みを好む日本人にもなじみやすくと考えたのかもしれません。

インデラ・カレーは辛さもほどよく、さまざまな料理に使える汎用性の高さも自慢です。カレーなら手軽に本格的な味に仕上がるのはもちろん、かくし味的な使い方もおすすめ。オイスターソースやナンプラーなどアジアの調味料とも相性がよく、少量加えると味に深みが出て驚くほど本場の味に近づきます。僕もプライベートでよく使いますが、手軽さでいえば一番は炒飯ですね。具材を炒めてからカレー粉を加えて軽く炒めると、香りが立って毎回食欲が増します。本書の大半のレシピはカレー粉ではなく、素材を生かすスパイスを使いますが、もっと手軽に作るなら究極のミックススパイスであるカレー粉も、ぜひ使いこなしていただけるとうれしいです。

インデラ・カレー粉を使って

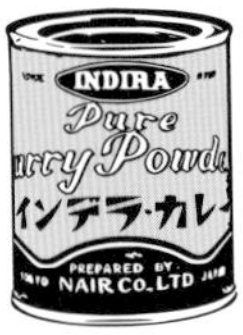

バターチキンカレー

カレー粉で手軽に作るレシピなので、カシューナッツペーストを作らず、市販のピーナッツクリームで簡単にコクつけしました。パサつきがちな鶏むね肉もヨーグルトでマリネして柔らか。

材料(4人分)

鶏むね肉(皮をむき、一口大に切る)		500g
プレーンヨーグルト		100g
玉ねぎ(みじん切り)		150g
にんにく(すりおろす)		小さじ2
しょうが(すりおろす)		小さじ1
A	ホールトマト(缶詰)	400g
	生クリーム	100mℓ
	水	100mℓ
	ピーナッツクリーム	大さじ2
	カレー粉	大さじ3
	砂糖	小さじ2
	塩	小さじ1
バター		50g
塩		適量
生クリーム(好みで)		適量

1. 鶏むね肉はプレーンヨーグルトをからめてマリネする。
2. 鍋にバターを熱し、玉ねぎを中火で炒める。ほんのり色づいたらにんにく、しょうがを加えて全体に軽く色づくまで炒める。
3. Aを加えてひと煮立ちさせ、蓋をして弱火にして5分煮る。1を加えてひと煮立ちさせ、弱火で10分煮る。
4. 肉に火が通ったら塩で味をととのえ、器に盛って生クリームをかける。

なすとじゃがいものカレー

ごろごろと大ぶりの野菜が親しみやすい簡単ベジカレー。野菜は素揚げして甘みとコクを際立たせ、辛みとのバランスを楽しみます。カレー粉とともにトマトピューレを使った時短レシピです。

1. 鍋に多めのサラダ油を熱し、じゃがいもとなすを揚げ（揚げ焼きでも可）、油をきる。
2. 別の鍋にサラダ油大さじ４を熱し、Aを全体に明るめに色づくまで中火で炒める。
3. トマトピューレを加えて混ぜ、なじんだら弱火にしてカレー粉を加えて軽く炒める。
4. ココナッツミルク、水、塩小さじ１を加えてひと煮立ちさせ、1を加えて塩で味をととのえる。

材料(4人分)

じゃがいも（皮付きで一口大に切る）……小４個分
なす（一口大に切る）……３本分
A 玉ねぎ（みじん切り）……１個分
A にんにく（みじん切り）……４かけ分
A しょうが（みじん切り）……３かけ分
トマトピューレ……150g
ココナッツミルク……150㎖
水……300㎖
カレー粉……大さじ３
サラダ油……適量
塩……適量

えびのナンプラー炒め

ナンプラーはそれだけで旨みたっぷりですが、カレー粉と相性がよく、少量加えると深い味わいとオリエンタルな香りを生みます。最後にレモン汁を加えてメリハリのある味に。

材料(4人分)

えび※1(殻をむき、背を開く)……12尾
A
玉ねぎ(せん切り)……100g
青唐辛子※2(斜め薄切り)……2本
にんにく(せん切り)……2かけ分
B
ナンプラー……大さじ1 1/2
トマトケチャップ……大さじ1
砂糖……大さじ1
カレー粉……小さじ1
レモン汁……1/2個分
サラダ油……大さじ2
香菜(ざく切り)……ひとつかみ

※1 背わたがあれば取り除く。
※2 ししとうで代用可。

1. Bは合わせて混ぜる。フライパンにサラダ油を熱し、Aを中火でしんなりとするまで炒める。色はつけない。
2. Bを加えて軽く炒めてなじませ、えびを加えて火が通るまで炒め合わせる。
3. 香菜を加えて全体に混ぜ、火を止める。レモン汁を搾り入れ、軽く混ぜる。

牛肉のオイスター炒め

いつものオイスター炒めも、カレー粉をかくし味にすると途端にエキゾチックな味わいに。合わせ調味料の準備をしておいてスピーディーに仕上げます。バスマティライス(→p.98)とも好相性。

材料(4人分)

牛薄切り肉(食べやすく切る)……300g
片栗粉……少量
パプリカ(一口大に切る)……1個分
なす(一口大に切る)……2～3本
A
オイスターソース……大さじ1
醤油……大さじ1
カレー粉……小さじ2
砂糖……小さじ1
片栗粉……少量
サラダ油……大さじ2

1. Aは合わせて混ぜる。牛薄切り肉に片栗粉少量をふって全体にからめる。
2. フライパンにサラダ油を熱し、1の牛肉をさっと炒め、パプリカ、なすを加えて炒め合わせ、蓋をして野菜に火を通す。
3. Aを再び混ぜて回し入れ、全体になじませるように炒める。

PART 4

お米料理&パン

カレーに欠かせない相棒が、お米とパン。実は食文化とカレーのタイプとが、ぴったり合うんです。米作りの盛んな南インドではさらりとしたカレーが多く、お米に混ぜて食べると軽く水分を吸ってちょうどよく食べられます。一方、粉食の北インドではとろりとしたカレーが多く、パンで挟んだり浸して食べるのに向いています。お米料理のバリエーションもご紹介します。

お米料理

インドでは、お米の産地はおもに南インド。その細長く、粘りの出ない長粒米（インディカ米）は、南インドのさらっとしたカレーを吸わせて食べるのにぴったり。なかでもバスマティ米は、香りが高く最高級といわれています。

バスマティライス

バスマティライス

インド米は日本の米に比べて糖分や粘りが少なく、さらっとしているので、たくさん食べてもお腹に負担になりません。炊く水加減は多ければ捨てる、少なければ足す、とおおざっぱ。堅さは好みですが、ちょっと芯が残ってるかな？くらいがカレーにはちょうどよいでしょう。

バスマティ＝稲の品種名で、ヒンディー語の「香りの女王」に由来。ライス＝米。

材 料(4人分)

バスマティ米……………………………………2合
水……………………………………………2～2.5ℓ

■ホールスパイス
- カルダモン……………………………………3粒
- クローブ………………………………………3粒
- シナモンスティック※…………………………1本

※皮片２片でもよい。

1. バスマティ米が折れないように注意しながら、そっと軽く洗い、水気をきる。

2. 大きい鍋に1、分量の水、ホールスパイスを入れ、強火にかける。煮立ったら弱火にして蓋をし、ときどきかき混ぜながら12～13分ゆでる。

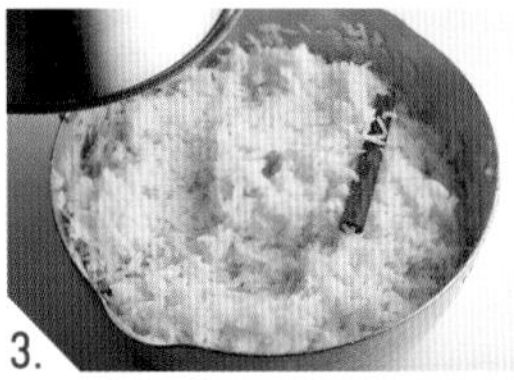

3. 米が柔らかくなったら、ざるに上げて水気をきる。日本のご飯より少し堅めが目安。米をスパイスごと鍋に戻して全体をさっくり混ぜ、蓋をして5分ほど蒸らす。

NAIR's advice

お米をゆでるときに、お米が水から飛び出るほど少なくなったら、湯を足すようにしてください。

ジーラライス

クミン風味の炒めご飯

粘りがなくパラッとしたバスマティライスは、炒めご飯にぴったり。クミンシードと炒めて、食欲をそそるクミンの香りをまとわせます。

ジーラ＝クミン、ライス＝米。

材 料(2人分)

バスマティライス(炊いたもの→ p.98)……1合分
香菜(みじん切り)……1株分
塩……小さじ1/4
サラダ油……大さじ2

■ホールスパイス
クミンシード……小さじ1

1. フライパンにサラダ油を軽く温め、ホールスパイスを入れ、泡立つまで炒める。
2. 香菜を加えてさっと炒め、炊いたバスマティライスと塩を加えて炒め合わせる。

NAIR's advice

クミンと香菜が爽やかに香るご飯は、肉系のカレーとも相性抜群です。味がしっかりついているので、チャーハン風にこのまま食べるのはもちろん、ライタ（→ p.113）を混ぜてマイルドにしてもおいしいです。

サフランライス

サフランライス

インドでもサフランは高級スパイス。シナモンを控えめにして、サフランの香りと鮮やかな色を楽しんでもよいでしょう。

材 料(4人分)

バスマティ米……2合
水……2～2.5ℓ
サフラン※1……ひとつまみ

■ホールスパイス
シナモンスティック※2……1本

※1 サフランの雌しべ。1g入りのものなら1/3量で充分。
※2 皮片2片でもよい。

1. バスマティ米は98ページと同様に洗う。
2. 鍋に1、水、サフラン、ホールスパイスを入れて強火にかける。
3. 98ページの作り方2～3と同様にして炊き上げる。

ベジタブルプラオ

野菜の炊き込みご飯

スパイスをあまり使わず、野菜の滋味を生かしたシンプルご飯料理。ヘルシーながら彩りが美しく華やかになるので、ホームパーティにもおすすめです。

ベジタブル＝野菜、プラオ＝炊き込みご飯。

1.
牛乳を電子レンジで軽く温め、サフランを浸けておく。バスマティ米をやさしく洗い、水気をきる。

2.
鍋に分量の水、塩、ホールスパイスを入れて沸騰させ、1のバスマティ米を加える。再沸騰したら全体に軽く混ぜ、5分ゆでる。

3.
ざるで軽く湯をきり、スパイスごと鍋に戻し、1のサフラン牛乳をふりかける。

4.
ブロッコリー、にんじんをのせ、蓋をして弱火で10分蒸し煮にする。火を止めて10分蒸らし、蓋を取って2～3分蒸気をとばす。ざっくり混ぜて、器に盛る。

材料(4人分)

- バスマティ米……2合
- ブロッコリー(小さめの小房に分ける)……1/2株分
- にんじん(拍子木切り)……1/2本分
- 牛乳……大さじ1
- サフラン……ひとつまみ
- 水……2ℓ
- 塩……大さじ1

■ホールスパイス

- クローブ……10粒
- カルダモン……10粒
- シナモン(皮片)※1……2片
- ベイリーフ※2……2枚

※1 シナモンスティック1本でもよい。
※2 ローリエで代用可。

NAIR's advice

お米の炊き加減は、季節やお米の状態によっても少し違います。「失敗して学べ！」が僕のモットー。まずは作ってみてくださいね。炊き込みご飯といっても、インドではこれだけをいただくことはなく、必ずカレーなどのおかずと一緒にいただきます。シンプルな味つけなので、どんなカレーでも合いますよ。

チキンビリヤーニ

鶏肉の炊き込みご飯

鶏肉に濃厚なスパイスをしみ込ませて具にした炊き込みご飯。イスラム文化にルーツを持つ料理で、ここではハイデラバード地方の作り方をご紹介します。日本の炊き込みご飯と違い、混ぜたり全体に味を行きわたらせないので、味も姿もメリハリがついています。

材 料(作りやすい分量)

バスマティ米	3合
鶏もも肉(皮をむき、一口大に切る)	700g
マリネ液	
プレーンヨーグルト	100g
にんにく(すりおろし)	小さじ2
しょうが(すりおろし)	小さじ1
サラダ油	大さじ2
塩	小さじ1
●パウダースパイス	
パプリカ	小さじ2
コリアンダー	小さじ2
ガラムマサラ	小さじ1
クミン	小さじ1/2
ターメリック	小さじ1/4
玉ねぎ(薄切り)	1個分
ミント(粗みじん切り)	ひとつかみ
香菜(粗みじん切り)	ひとつかみ
牛乳	大さじ1
サフラン	ひとつまみ
水	2ℓ
塩	小さじ2
揚げ油	適量
香菜(仕上げ用。ちぎる)	適量
■ホールスパイス	
カルダモン	5粒
クローブ	5粒
シナモン(皮片)※1	2片
ベイリーフ※2	2枚

※1 シナモンスティック1本でもよい。
※2 ローリエで代用可。

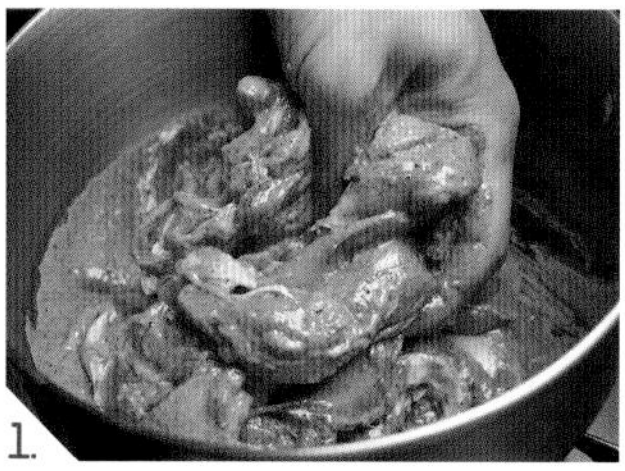

1. ボウルにマリネ液を混ぜ合わせる→これが「味のもと」。鶏もも肉にもみ込んで冷蔵庫で1時間おく。牛乳を電子レンジで軽く温め、サフランを浸けておく。

2. 揚げ油を熱し、玉ねぎを入れて高温で香ばしく揚げる。

3. バスマティ米をやさしく洗い、水気をきる。鍋に水とホールスパイス、塩を入れて火にかけ、沸騰したら米を加え、5～6分ゆでる。

4. 別の鍋に1の鶏肉と2の半量、3のゆで汁100㎖を入れて火にかける。

5. 沸騰したら中火で5分煮て、ミント、香菜を散らす。

6. 3をざるで湯きりし、5の鶏の上にのせる。

7. 1のサフラン牛乳を全体にかける。

8. 残りの2をまんべんなく散らし、弱火にして蓋をし、10分加熱して火を止め、10分蒸らす。混ぜずに器に盛り、香菜をのせる。

NAIR's advice

炊き上がっても、絶対混ぜないでください！盛ったときに白いご飯とスパイスの茶色い層がきれいにできてこそ、いいでき栄えなんですよ。本来は骨付きの鶏もも肉で作りますが、煮込み時間が長くなって焦げる心配があるので、骨なしがおすすめ。ベジタブルプラオ(→ p.100)もそうですが、これもカレーをかけていただきます。インド人はグレイビーがないと始まらないんですよ(笑)。

パン

粉が主食の北インドでは、とろりと濃度のついたカレーをパンに挟んだり浸けたりして食べることが多いといわれます。日本で人気のナン、イーストも砂糖も使わない素朴なチャパティ、そしてそれぞれの生地で作るポピュラーなパンを紹介します。

ナン

ナン

日本でインドカレーといえば、お供はやっぱりこれ。本来はタンドール（窯）の余熱で焼きますが、オーブンでもふっくら焼き上がるように工夫したレシピをご紹介。ほんのり甘くて、スパイシーなカレーにぴったりです。インドのナンは通常円形ですが、長く延ばした独特の形に仕上げました。

材料(6枚分)

A	強力粉	500g
	砂糖	大さじ5
	塩	小さじ1 ½
B	ぬるま湯	100㎖
	ドライイースト	小さじ2
	砂糖	小さじ1
	卵	1個
	牛乳	200㎖
	サラダ油	適量
	打ち粉(強力粉)	適量
	バター(仕上げ用)	適量

NAIR's advice

日本人にとってインドらしいアイテムですから、おもてなしのときには、喜ばれると思います。オーブンでもおいしく作れるよう、材料にイーストを使いましたが、インドでは使いません。ベーキングパウダーと重そう、ヨーグルトで発酵させます。それでもふっくら焼き上がるのは、タンドールという窯で焼くから。イーストは低温だと発酵しにくいので、冬は暖かいところに置きましょう。

1.
Bを混ぜ溶かし、泡立つまで10分おく。

2.
ボウルにAを合わせ、卵を崩しながら加え、ざっと混ざったらサラダ油大さじ3を加えて均一に混ぜる。

3.
1を加えて全体に混ぜ、牛乳を少しずつ加えてそのつど混ぜる。

4.
ダマにならないように混ぜる。

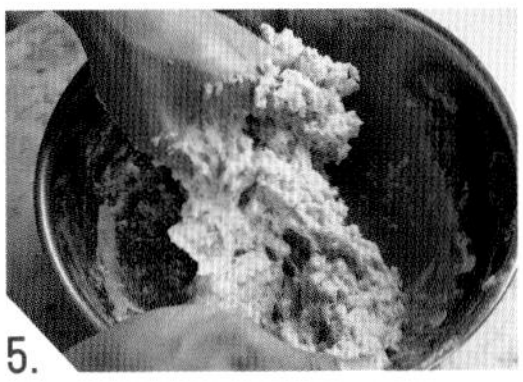

5.
多少ゆるいほうが延ばしやすいので、まとまりきらなくてもよい。

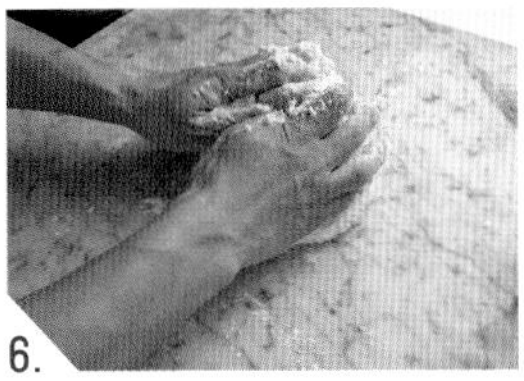

6.
手と台に打ち粉をして取り出し、表面をならす。

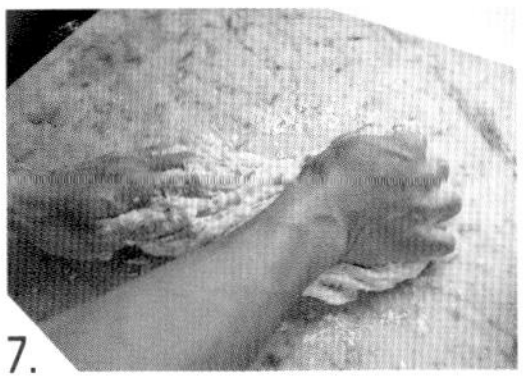

7.
片手で一方を押さえ、片手でねじるように延ばし、まとめる。この作業を生地の向きを変えながら5～10分行う。

8.
くっつく場合は途中で打ち粉をする。

9.
まとまってくると、よく延びるようになる。

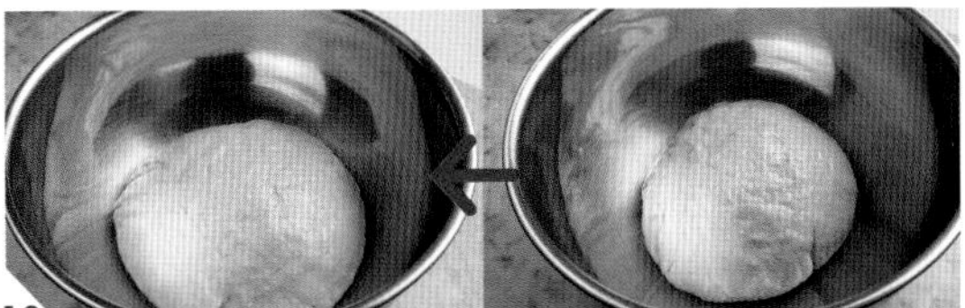

10.
きれいにまとまったら丸く形を整え、乾燥防止とコク出しのサラダ油を生地の表面に塗り、ボウルに入れてラップをかけ、常温で1～2時間おき、約1.5倍まで発酵させる（一次発酵）。

11.
台に取り出して6等分する。

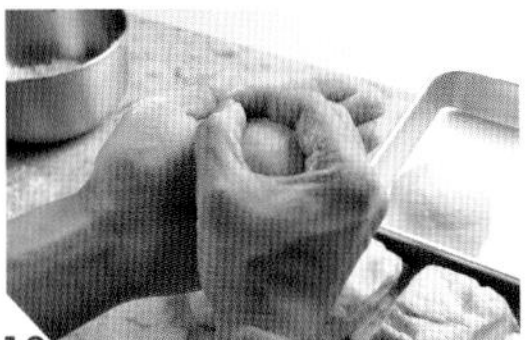

12.
生地を持つ手を丸く形作り、もう片方の手のひらにすりつけて形をととのえる。

13.
バットに離して並べ、ぬれぶきんをかけて常温で15分おき、生地を1.5倍まで発酵させる（二次発酵）。

14.
二次発酵が終了した状態。オーブンを250℃に予熱する。

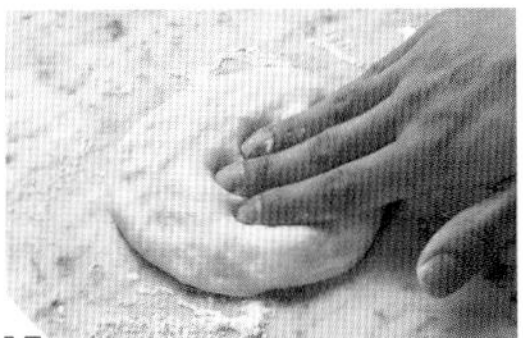

15.
台に打ち粉をし、生地をひとつ取り出し、手で丸く広げる。

16.
生地を回しながら、麺棒で均一に延ばして、1㎝厚さに広げる。

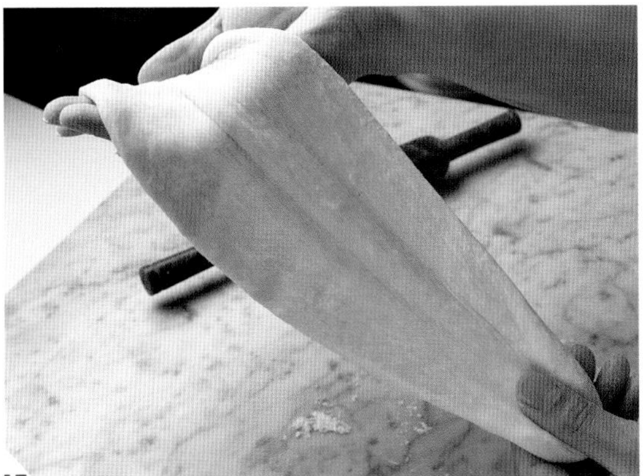

17.
１ヶ所を片手にのせ、もう片方の手で反対側をつまんで延ばし、三角状にする。天板にオーブンシートを敷き、生地をのせてオーブンで５分焼く。焼き上がりにすぐバターを塗る。

プロの技に挑戦！

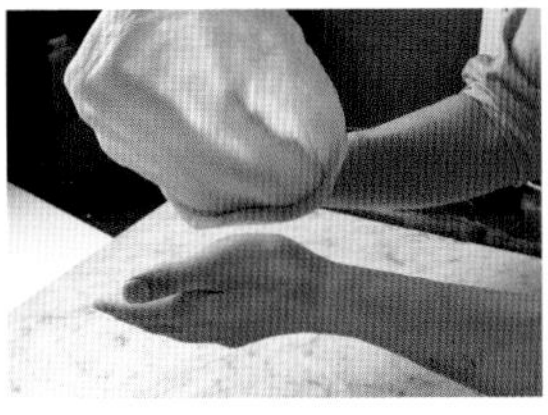

インドのシェフは、生地を手で器用に延ばしています。プロセス15で手で丸く広げたあと、片方の手のひらにのせて、もう片方の手のひらに勢いよく打ちつけます。繰り返すうちにどんどん薄くなり、延ばしきったら１ヶ所を引っぱって形作ります。これがなかなか難しくて、南インドで修業した僕は苦手なんです（笑）。

チャパティ

全粒粉パン

チャパティが上手に焼けたら一人前、などと言われるほどインド人には欠かせないパン。北インドだけでなく、インド全土で一番食べられています。全粒粉の素朴な味で、イーストも砂糖も使わない、昔ながらの作り方。生地をフライパンで軽く焼いたあと、直火でプクッとふくらませるのが醍醐味です。

材 料(20枚分)

- 全粒粉……400g
- 塩……ふたつまみ
- 水……200mℓ強
- 打ち粉(全粒粉)……適量

NAIR's advice

生地が堅くてこねられないときは、水を少し足してください。ホームベーカリーや餅つき機のこねる機能を使ってもいいですよ。焼きたてが一番ですが、少し時間をおく場合は表面にバターを塗っておきましょう。

1. ボウルに全粒粉と塩を入れて混ぜ、中央をくぼませて水を注ぎ、まわりの粉をかぶせ、にぎるようにして混ぜる。

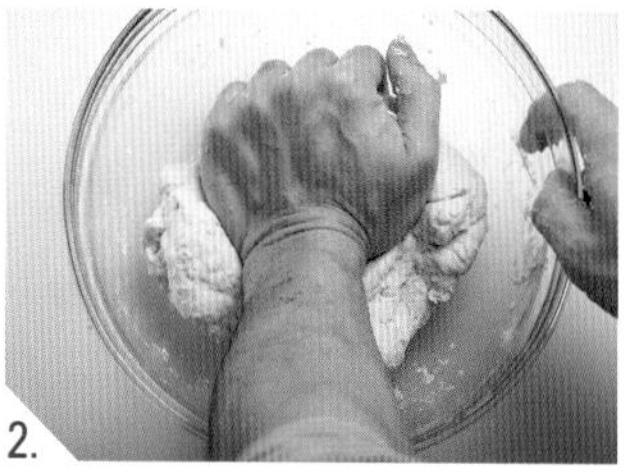

2. 粉がボウルに残らずにひとまとまりになったら、手首近くで押してたたみ、ボウルを90度ずつ回しながら同様に押す。

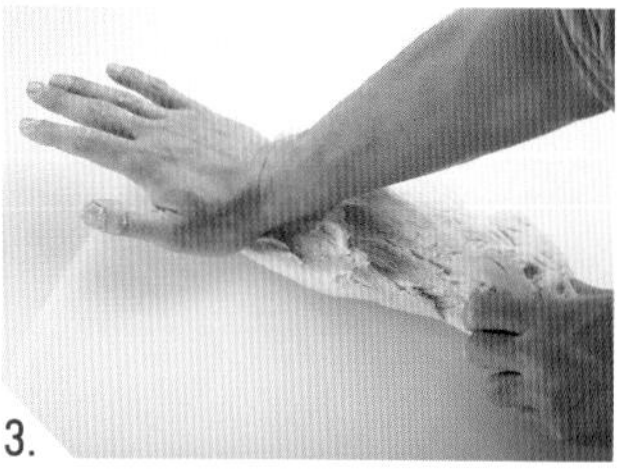

3. 生地がまとまったら台の上に打ち粉をして2を取り出す。手首近くで押して延ばし、2と同様に生地をたたんで90度ずつ回しながらこねる。

4. 約10分こねる。押してみて途中までゆっくり戻ったらラップで包み、常温で30分おく。

5. 台に多めの打ち粉をする。4を2等分し、棒状に延ばしてそれぞれ10等分に切る。

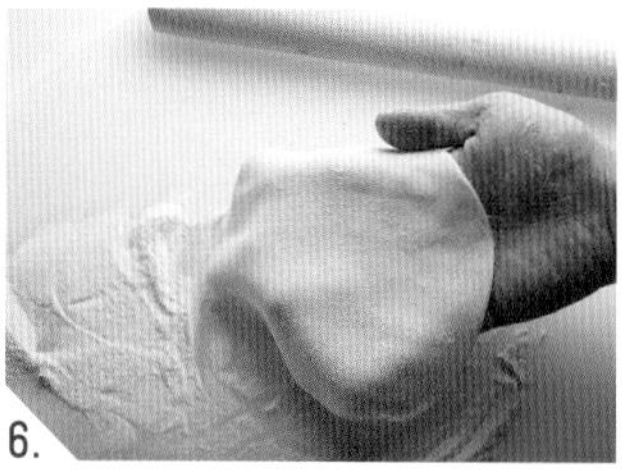

6. 団子状に丸め、手のひらで平らに押してから麺棒で直径約14㎝、厚さ約3㎜に延ばす。

7. フライパンを軽く温め、6を中火で焼く。薄く焼き色がついたら裏面も焼く。目安は片面約30秒。

8. すぐに直火であぶり、プーッとふくらませる。

ナンの生地で

チーズクルチャ

チーズパン

とろりとろけたチーズの塩気がパンの甘さを引き立てる、絶妙のバランス。ナンの生地で簡単に作れるので、食卓に２種類並べて豪華なおもてなしに。

a.
チーズを中央に固めてのせ、生地が破れないようにそっと包む。

b.
延ばしたとき、チーズが出ていると溶け出てしまうので注意。

材料(6枚分)

ナンの材料(→p.104)……………すべて同量
シュレッドチーズ……………………240g
バター(仕上げ用)………………………適量

1. 105ページのナンの作り方１～16と同様に生地を作って延ばす。
2. 中央にシュレッドチーズの1/6量をのせ、包みながらまとめる（a）。
3. チーズが出ないよう、麺棒で平らに延ばし（b）、ナンと同様に焼き、すぐにバターを塗る。残り５枚も同様に作る。

NAIR's advice

これは、インドではレストランで供されるリッチなパンです。切ったときとろ～りチーズが流れ出る状態がベスト。カレーと一緒に食べるとチーズもからんで、また違ったおいしさに出合えますよ。

＼チャパティの生地で／

プーリー

全粒粉の揚げパン

揚げたてのサックサクはまさに屋台の味。香ばしい生地に油のコクをプラスしたパンは、スパイシーなインド料理にぴったりです。

a.
ふくらんで浮いてしまうので、油に浸すように押さえながら揚げる。

材 料(20枚分)

チャパティの材料(→p.106)……すべて同量
揚げ油……適量

1. 106ページの作り方1～6と同様に生地を作って延ばす。
2. 揚げ油を中温に熱し、1を入れる。浮いてくるのでフライ返しで押さえながら揚げる(a)。
3. ふくらんだら裏返して同様に揚げ、油をきる。

NAIR's advice

チャパティの生地を揚げただけの手軽なパンです。自然とふくらむのでテクニックは不要。浮きを防ぐフライ返しは必須です。

「カレー+おかず」に便利なあと1品

おうちでインド料理を作る日は、すぐに出せる1品があると食卓が充実します。サラダや漬けもの、デザートなど、覚えておきたい便利な料理をご紹介します。

漬けもの感覚のオイル漬けは、
インドの常備菜

アチャール

暑いインドの野菜の常備菜“アチャール”は、少量でも刺激的な酸味と辛み、マスタードシード特有の香ばしさが特徴。保存のためにも、塩をきっちりきかせるのも大切です。カレーに混ぜて味の変化を楽しんだり、ご飯のお供にしても。

ゴーヤのアチャール
にがうりのオイル漬け

材料(作りやすい分量)

ゴーヤ(種を取って1.5cm厚さに切る)……2本分
レモン汁……1個分
サラダ油……100mℓ
塩……適量
■ホールスパイス
マスタードシード……小さじ2
●パウダースパイス
コリアンダー……小さじ2
ターメリック……小さじ1
クミン……小さじ1
カイエンヌペッパー……小さじ1/2

1. ホールスパイスをすり鉢やミルサーなどで軽く粉末にする。
2. フライパンにサラダ油を軽く温め、1を入れて蓋をする。はねがおさまったらゴーヤを加えてさっと混ぜ、あまり混ぜずに15分ほど揚げ焼きする。
3. 水分が抜けたらパウダースパイス、塩小さじ1 1/2を加え、さっと炒め合わせる。レモン汁を加え、混ぜてなじませる。塩で味をととのえ、粗熱をとって保存容器に入れ、ひと晩ねかせる。

なすのアチャール
なすのオイル漬け

材料(作りやすい分量)

なす(1cm角に切る)……3本分
A にんにく(すりおろし)……3かけ分
A しょうが(すりおろし)……2かけ分
A 青唐辛子※(みじん切り)……2本分
酢……大さじ4
サラダ油……100mℓ
塩……適量
■ホールスパイス
マスタードシード……小さじ1/2
●パウダースパイス
パプリカ……小さじ1
カイエンヌペッパー……小さじ1/2
ターメリック……小さじ1/2
フェヌグリーク(あれば)……小さじ1/2

※ししとうで代用可。

1. フライパンにサラダ油を軽く温め、ホールスパイスを入れて蓋をする。はねがおさまったらAを加え、中火で香りが立つまで炒める。
2. 弱火にしてパウダースパイスと塩小さじ1を加え、全体になじませる。なすと酢を炒め合わせ、蓋をして1～2分蒸し煮にする。
3. 蓋を開け、なすが吸った油が再び出て、照りが出るまで炒め、塩で味をととのえる。しっかり冷ましてから保存容器に入れる。

ソースやカレーを
食べるときのかくし味に

チャトニー

チャトニーとはペースト状の常備だれのこと。西洋文化の名残のトマトチャトニーは、甘みと旨みが凝縮したジャムのような味わいで、チャパティにつけて食べるだけでも美味。ココナッツチャトニーは南インド料理、とくに野菜や豆料理によく合わせます。

トマトチャトニー
トマトのチャツネ

材 料(作りやすい分量)

トマト(ざく切り)……3個分
サラダ油……大さじ2
砂糖……小さじ1
塩……適量

■ホールスパイス
マスタードシード……小さじ1
カレーリーフ(生。あれば)……10枚

●パウダースパイス
ターメリック……小さじ1/2
カイエンヌペッパー……小さじ1/2

1. 鍋にサラダ油を軽く温め、マスタードシードを入れて蓋をする。はねがおさまったらカレーリーフを加えてさっとなじませ、トマトを加える。
2. 混ぜながら煮詰め、木べらでかいたときに鍋底が見えるぐらいになったらパウダースパイスと砂糖、塩小さじ1/2を加え、焦げないようによく混ぜる。塩で味をととのえる。

ココナッツチャトニー
ココナッツのチャツネ

材 料(作りやすい分量)

玉ねぎ(みじん切り)……1/8個分
ペースト
ココナッツファイン……60g
にんにく……1かけ
しょうが……1かけ
ピーナッツ……10粒
プレーンヨーグルト……大さじ1
塩……小さじ1/2強
水……200㎖
■ホールスパイス
赤唐辛子……1本
豆(チャナダール※。あれば)……小さじ1
サラダ油……大さじ2

■ホールスパイス
マスタードシード……小さじ1/2
赤唐辛子……1本

※ひよこ豆のひき割り。

1. ペーストの材料をミキサーにかけてペースト状にする。
2. 鍋にサラダ油を軽く温め、マスタードシードを入れて蓋をする。はねがおさまったら赤唐辛子と豆を加えて炒める。
3. 玉ねぎを加えて強めの中火にして炒め、玉ねぎの縁が色づいたら1を加え、強火にしてひと煮立ちさせる。
4. 中火にして全体にとろりと濃度がついてきたら塩少量(分量外)で味をととのえる。

カレーの箸休めや、
味の変化に

サラダ

インドでは衛生上、野菜を生で食べることがほとんどありませんが、これら定番の3種は、珍しく火を通しません。スパイシーな料理の箸休めとして、口の中をさっぱりさせたり、カレーと混ぜてマイルドにしたり、食卓に並べて好みの食べ方でどうぞ。

クッチュンバー
インドの野菜サラダ

クッチュンバー＝サラダ。

材 料(4人分)

きゅうり(縦4等分、1.5㎝幅に切る)……2本分
にんじん(1.5㎝角に切る)……1/2本分
玉ねぎ(2㎝角に切る)……1/2個分
しょうが(みじん切り)……小さじ1
香菜(みじん切り)……少量
塩……小さじ1/2
レモン汁※……1/2個分

●パウダースパイス
クミン……小さじ1
コリアンダー……小さじ1

※酢で代用可。

1. にんじんは歯ごたえが残る程度にゆで、水気をきってボウルに入れる。きゅうりと玉ねぎも入れる。
2. 食べる直前に、1にレモン汁以外をすべて加え、よく混ぜてなじませる。仕上げにレモン汁を加えてざっくり和える。

ライタ
北のヨーグルトサラダ

材料(4人分)

プレーンヨーグルト……200g
ミニトマト(半割り)……12個分
きゅうり(1cm角に切る)……1本分
塩……小さじ1/3
●パウダースパイス
　クミン……小さじ1

1. ボウルにプレーンヨーグルトを入れ、混ぜてなめらかにし、パウダースパイスと塩をよく混ぜ合わせる。
2. 1にミニトマト、きゅうりを加えて軽く和える。

コリアンダーライタ
南のヨーグルトサラダ、香菜風味

材料(4人分)

プレーンヨーグルト……200g
香菜(粗みじん切り)……ふたつかみ
塩……適量
香菜の葉(仕上げ用)……少量
テンパリング
　サラダ油……小さじ2
　■ホールスパイス
　　マスタードシード……小さじ1/2

1. ボウルにプレーンヨーグルトを入れ、塩、粗みじん切りの香菜を加えてよく混ぜる。
2. 小さいフライパンにテンパリング用のサラダ油を軽く温め、ホールスパイスを入れて蓋をする。はねがおさまったら、すぐに1に加えてよく混ぜる。
3. 器に盛り、香菜の葉を飾る。

インド定番のドリンクは、
食後のデザートにも

チャイ＆ラッシー

インドの食後のお茶といえば、紅茶を牛乳で煮出して作るミルクティー“チャイ”。濃厚な味わいがお好みなら、牛乳と水を７対３でどうぞ。甘めのヨーグルトドリンク“ラッシー”は、目覚めの一杯やカレーのお供、おやつなどにいつでもゴクゴク飲めて、気分爽快！

マサラチャイ
スパイスミルクティー

材 料(6人分)

牛乳・水……………………各400㎖
紅茶葉※1……………………大さじ2
しょうが(つぶす)……………1かけ分
砂糖…………………………大さじ4
■ホールスパイス※2
カルダモン……………………3粒
クローブ………………………3粒

※1 短時間で濃く抽出できるCTC製法のアッサムを使用。
※2 風邪ぎみのときは黒こしょうを入れても。

1. 鍋に砂糖以外の材料を入れて強火で煮立て、弱火にして５分煮出す。吹きこぼれに注意しながら、ときどき混ぜたり鍋を火から離すとよい。
2. 砂糖を入れて混ぜ溶かし、茶こしでこす。

チャイ
ミルクティー

材 料(6人分)

牛乳・水……………………各400㎖
紅茶葉※……………………大さじ2
砂糖…………………………大さじ4

※ 短時間で濃く抽出できるCTC製法のアッサムを使用。

1. 鍋に砂糖以外の材料を入れて強火で煮立て、弱火にして５分煮出す。吹きこぼれに注意しながら、ときどき混ぜたり鍋を火から離すとよい。
2. 砂糖を入れて混ぜ溶かし、茶こしでこす。
3. １人分をカップに入れて、別の空のカップに高い位置から注ぎ、さらに数回、交互に注いで泡立てる。

パイナップルラッシー

パイナップルのヨーグルトドリンク

材料(3～4人分)

プレーンヨーグルト……200g
牛乳……100㎖
パイナップル※(缶詰)……5枚(200g)
パイナップルの缶汁……200㎖
はちみつ(好みで)……大さじ3

※マンゴーやみかんなどでも同様に作れる。甘さは好みで加減を。フレッシュを使うと分離する果物もあるので、缶詰がおすすめ。そのときは、冷やしておくとすぐ飲める。

パイナップルは缶汁ごとミキサーにかけてピューレにし、残りの材料を加えてなめらかにする。冷蔵庫で冷やし、氷を入れたグラスに注ぐ。

ラッシー

ヨーグルトドリンク

材料(2～3人分)

プレーンヨーグルト……200g
牛乳・水……各100㎖
はちみつ……大さじ4

●パウダースパイス
クミン……ひとつまみ

すべての材料をミキサーにかけてなめらかにする。氷を入れたグラスに注ぐ。

カレーの後には甘いもので
お腹を落ち着けて

デザート

インド料理の食後のデザートは、しっかり甘くないともの足りません。乳製品を使う北インドのデザートは、カルダモン風味の甘いシロップとミルクのソースで、タピオカやココナッツを使う南のデザートは、黒砂糖とドライフルーツでコク深い味わい。南北の違いを楽しんで。

ラズマライ
フレッシュチーズのミルク煮

a.
丸めた生地は崩れやすいので、シロップにそっと加える。

材 料(作りやすい分量)

牛乳 …… 1ℓ
生クリーム …… 200mℓ
酢 …… 大さじ3
砂糖 …… 小さじ2
シロップ
　水 …… 600mℓ
　砂糖 …… 100g
　■ホールスパイス
　　カルダモン …… 5粒
ミルクソース
　牛乳 …… 200mℓ
　サフラン(あれば) …… 10本
　砂糖 …… 30g
　■ホールスパイス
　　カルダモン …… 5粒

1. シロップの水とホールスパイスを小鍋で沸かし、沸騰したら砂糖を加えて少し煮溶かす。別の小鍋にミルクソースの牛乳とサフラン、ホールスパイスを沸かし、弱火で5分煮て砂糖を加え、煮溶かす。
2. 70ページの「パニール」を参考にして生地を作る。別鍋に牛乳、生クリームを入れて火にかけ、沸騰直前に弱火にして5分煮る。火を止めて酢を加えてスプーンでやさしく混ぜ、分離したらふきんでこして茶巾にし、ふきんごと冷水につけて冷やす。絞り、30分以上水気をきる。
3. 2に砂糖を混ぜ、4等分にして丸める。1のシロップを煮立て、丸めた生地を加え(a)、弱火で5分煮込む。
4. 1のミルクソースを軽く温め、3を取り出してそっと加え、軽く煮る。

※シロップ煮の状態でいただくと「ラズグッラ」と呼ばれるデザートになる。

NAIR's advice

作り方2で、水気はある程度しっかりきってください。水気が多すぎると、丸めにくかったり、崩れやすくなります。

タピオカのパイヤッサム

タピオカとレーズンの黒糖ココナッツミルク煮

材料(4人分)

タピオカ		60g
バター		30g
A	ココナッツミルク	400mℓ
A	牛乳	200mℓ
A	黒砂糖(粉末)	大さじ6
B	レーズン	30g
B	カシューナッツ	30g
塩		ひとつまみ

■ホールスパイス
カルダモン……5粒

1. タピオカを表示の通りにゆで、冷水にさらす。
2. 鍋にバターを熱し、B、ホールスパイス入れて炒める。レーズンがぷっくりしてきたらA、塩を加えて強火にし、混ぜながら沸騰させる。
3. 弱火にして10分煮込む。1の水をよくきって加え、混ぜ合わせる。

NAIR's advice
ギー(インドのバターオイル)が手に入れば、ぜひバターの代わりに使ってください。コク深く、香りもよくなりますよ。

みなさん、いかがでしたか?
インド料理はいつもより
少し特別な食材を使いますが、
作り方の基本さえマスターすれば
簡単でしょう。
僕もできるだけわかりやすく、
ていねいにお伝えしたつもりです。
普段の日も、特別な日も、
ぜひインド料理を作って
楽しんでください!

南北料理別さくいん

北インドの料理

南インドの料理

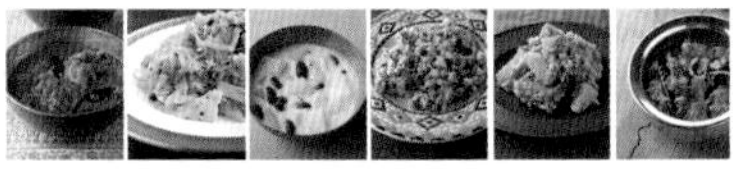

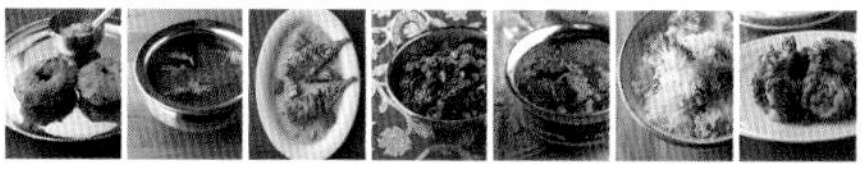

南北共通の料理

	パウダースパイス								あれば使いたいスパイス						その他	
	コリアンダー	パプリカ	ターメリック	ガラムマサラ	カイエンヌペッパー	カルダモン	クミン	黒こしょう	カレーリーフ	クローブパウダー	カスリメティ	フェヌグリークパウダー	フェヌグリークシード	ヒン	サフラン	タマリンド
	●	●	●	●	●						●					
		●	●	●	●						●					
	●		●	●	●	●										
	●		●	●												
	●		●	●	●											
	●		●	●	●											
	●		●	●	●		●									
			●	●	●						●					
	●		●		●											
	●		●		●											
	●		●				●									
	●	●	●		●				●			●				●
	●		●		●							●				●
	●		●									●				
	●		●		●		●		●							
	●	●	●		●			●								
	●		●		●				●							
	●	●	●		●			●	●							
	●	●	●		●			●								
	●		●		●				●					●		●
			●		●				●				●			●
	●		●		●		●		●				●	●		●
	●	●	●	●	●		●			●						
						●										
	●		●		●		●									
	●			●	●			●								
	●		●	●	●		●				●					
			●		●											
	●		●		●											
	●		●	●	●						●					
	●		●		●											
	●		●		●											
					●				●					●		
	●		●		●		●							●		
	●		●		●		●									
	●	●	●		●		●					●				
		●			●		●	●								
	●		●		●		●	●	●							
			●						●					●		
			●		●							●				
			●		●											
			●		●											
			●		●											
									●					●		
									●					●		
															●	
															●	
	●	●	●	●			●								●	

料理別スパイス使用一覧表　コラムレシピを除く

ページ	料理名	ホールスパイス								
		カルダモン	クローブ	ベイリーフ	シナモン	クミンシード	赤唐辛子	マスタードシード	黒こしょう	フェンネルシード
	PART1　インドのカレー									
24	チキンマサラ	●	●	●	●					
26	バターチキン	●	●	●	●					
28	キーママタール	●	●		●					
30	マトンコルマ	●	●	●	●					
32	ベジタブルコルマ					●				
33	チャナマサラ					●				
34	ベイガンバルタ					●				
35	アルーベイガン					●				
36	サグパニール					●				
37	サグチキン					●				
38	ダールタルカ					●	●	●		
40	ケララフィッシュ						●	●		
42	フィッシュカレー						●	●		
44	ミーンモーリー	●			●					
46	ゴアンプロウン						●	●		
47	マドラスビーフ	●	●							
48	ケララチキン						●	●		
49	アーンドラチキン						●	●		
50	ポークヴィンダルー	●	●	●				●		
52	サンバル						●	●		
54	オーラン						●	●		
56	ラッサム					●	●	●	●	
57	コロンブ							●		
	PART2　北インドのおかず									
64	タンドーリチキン									
66	チキンマライティッカ									
67	サグリバーフライ						●			
68	シークカバーブ									
71	カダイパニール					●			●	
72	アルーマサラ						●	●		
74	アルーゴビ					●				
75	ゴビマサラ					●				
76	ビンディーマサラ					●				
77	グジャラディービンディー									
78	パコラ									
	PART3　南インドのおかず									
80	プロウンマサラ							●		
82	フィッシュマサラ									●
83	フィッシュフライ									
84	チキン65					●				
85	チキンチリフライ						●			
86	チキンシチュー	●	●		●					
87	アビエル					●		●		
88	パプリカのトーレン						●	●		
88	ゴーヤのトーレン						●	●		
89	にんじんのポリヤル						●	●		
89	キャベツのポリヤル							●		
90	ワダ								●	
91	ウップマ					●		●		
	PART4　お米料理&パン									
98	バスマティライス	●	●		●					
99	ジーラライス	●	●		●	●				
99	サフランライス				●					
100	ベジタブルプラオ	●	●	●	●					
102	チキンビリヤーニ	●	●	●	●					

ナイル善己の

おすすめ スパイス保存術

インド料理を作り始めたら、スパイスの消費量に驚くかもしれません。よくスーパーなどで見る小びん入りでは、カレーを2～3回作ったらあっという間になくなってしまいます。スパイスはきちんと保存すれば日持ちするので、100g程度の袋入りをお求めになるのがちょうどいいですよ。

保存容器は100円均一ショップなどにある、蓋の大きなプラスティック製で揃えるのがおすすめ（スパイスごとにラベルを貼っておくと便利ですよ！）。軽くてスタッキングできるのはもちろんですが、重要なのは、計量スプーンがすっぽり入ること。直接スプーンが入るだけで、驚くほどスムーズに量れます。もし一度に大量に購入して、容器に入りきらなかったら、袋に残したままチャック式保存袋を二重にして入れ、常温で保存します。冷凍庫で保存するという話も聞きますが、臭いがつくのが気になります。完全に乾燥してあるものですから、湿気のひどい場所でなければ常温保存で大丈夫ですよ。

スパイスは、写真のようなくぼみの深いタイプのさじで計量。液体用の薄くて平たいさじは向かないので注意。

撮影などで持ち運ぶときも、保存容器のままごっそりトートバッグに。使用頻度の高いスパイスは大きめの容器に入れると便利。

インド通になる葉っぱの話

1. ベイリーフとローリエ

仏語でローリエ、英語でベイリーフ、和名を月桂樹。これがクスノキ科ゲッケイジュ属の呼び名で、日本でも洋風の煮込み料理でおなじみのハーブ。でもインドでベイリーフというと、別の植物を指します。それはクスノキ科ニッケイ属のシナモンの葉。葉を比べると、ローリエは中央の葉脈から斜めに短い葉脈が伸びていますが、ベイリーフは縦にのみ葉脈が入っています。香りはどちらも爽やかな香りですが、手に入るならインドカレーにはシナモンの葉を使ってください。

右がインドのベイリーフ。英語圏ではインディアンベイリーフとも呼ばれる。

2. カレーリーフは苗から育てる

南インド料理でぜひ使いたいのが、カレーリーフ。使うなら生がおすすめですが、日本ではなかなか手に入らないうえ、季節外れには皆無。それならばいっそ育ててみてはいかがでしょうか？　苗や苗木は初夏に購入可能。葉が3～4cmに育ったら、冷凍しておけば、冬でも生に近い状態で使えます。

苗木で購入するとこんな状態から。寒さに弱いので、気温が5℃を下回るなら室内に。また、寒風が直撃しないよう注意すること。

1回に使用する量は10枚程度。ぴったりとラップで包んで冷凍します。

ナイル善己の
インド旅行記

写真・ナイル善己

南インド料理

今、まさに空前絶後の南インド料理ブームじゃないでしょうか。僕も本書で南インド料理を紹介し、さらに追加レシピも掲載いたしました。なぜ今までは乳製品やギーを使った濃厚でリッチな北インド系の料理ばかりだったのに、ここ最近は南インド料理なのでしょうか。

正直僕にも理由は分かりませんが、一つ言えるとしたら、南インド料理が持つ素朴さにあるのだと思います。お肉を使わずにおいしく仕上げる調理法。とてもシンプルなレシピから生まれたとは思えないくらいやさしくて味わい深いカレーが作れます。それは素材のよさもあるかもしれません。多くは野菜や豆を使ったベジタリアン料理。その野菜のカレーをライスで食べるスタイルがどことなく、味噌汁にご飯みたいな日本的な食文化に通じるものがあるような気がしています。そして何より、南インドは広く海に囲まれていますから、魚を多く食べる習慣があります。魚はカレーにするだけではなく、切り身をスパイスでマリネして焼いたりしますので、魚が好きな日本人にはことさら、なじみやすいのかもしれません。現代人の健康志向も相まって加速度的に増えていると言えるでしょう。お肉がなくたって野菜やお豆で十分満足のいく料理が作れますからね。

さて僕の祖父であり、「ナイルレストラン」の創業者であるA・M・ナイルの故郷は南インドのケララ州です。ここケララでは、その野菜や豆のカレーをバナナの葉っぱの上に並べて食べるミールスという定食があります。安くておいしいので、現地人はお昼になるとこのミールスを食べていることがほとんどです。カレーやおかずは日替わりで変わりますから飽きることもありませんし、好きなおかずやライスはおかわりし放題。食後のバナナもついて来ますのでお腹も大満足です。南インドに行く機会に恵まれたら、ぜひミールスを召し上がってみてください。食べるときは現地流に恐れず、右手を使ってしっかりライスと混ぜながら食べること！

修業時代

僕は日本のイタリアンレストランに勤め、基本的な調理技術を学んでからインド・ゴア州にある5つ星ホテルに修業に行きました。一言でいうとその修業はものすごく大変でした。何が大変だったかって？　皿洗いや床掃除やらされたとか？　いじめにあったとか？　違います。掃除は専門のスタッフがいますし、シェフたちは皆親切でしたから。

さて、ホテルの厨房には大きく分けて5つのセクションがありました。焼きものを作るタンドールのセクションに、南インド料理を中心とした朝食専門のセクション。さらにスイーツの専門やブッチェリーなどの肉専門のセクションなどなど。その中でもやはり花形は北インド系のカレーを作るセクションでした。ホテルのメイン料理ですからたくさんのメニューがあり、僕もそこで多くを学びました。

ここで冒頭に戻ります。では何が大変だったのかって？　そう、一番は言葉の壁でした。場所はゴア州ですが、働いているシェフたちは全国から集まって来ています。ですからゴア州の言語であるコンカニー語はここでは通用しません。ホテル内ではインドの共通言語であるヒンディー語になるわけですが、もちろん僕はインドの言葉は全てわかりません。「お皿を一枚取って来て」が通じなくて厨房をうろうろしたのは悔しくて、今でも忘れません。僕が困っていると、そこに現れた英語を話せる背の高いイケメンシェフが通訳してくれました。あの時のシェフのやさしさもまた、今でも忘れられない懐かしい思い出です。

スパイスに関しては知っている前提での修業だったので覚えるスピードは早く、苦労はしましたが、一年も経たないうちに僕も料理用語ならヒンディー語も分かるくらいにまで成長していました。インド人と一緒に働きながら食文化や生活スタイルを肌で感じられたのが、僕にとって料理を学ぶ以上に気づきを与えてくれたのかもしれません。

屋台がおもしろい

インドはとても大きな国です。国土の広さは日本の約9倍。それだけ広いと、地域や宗教によって食べるものも大きく変わってきます。日本でも広く知られているのはインド宮廷料理がルーツの北インド料理でしょう。あのタンドーリチキンやナンなどが分かりやすいかもしれません。デリーの中心街からちょっと行ったオールドデリーという町があります。ここはイスラム教徒が多く住む街と知られ、いわゆるタンドール窯を使ったムグライ料理を出す店があります。逆に言うと、イスラム教の街ですから豚肉の料理やお酒を出す店はありません。日本だとアルコールを出さない店があるなんて不思議に思うかもしれません。ここでは地面を掘ってタンドールの窯を作ったり、ドラム缶を利用したりしてタンドール料理を独自に展開しています。道端で炭火を起こして鶏肉やナンを焼いたりしている光景はとても不思議ですが、どことなく縁日の焼き鳥屋さんなんかも想像させますね。調理技術は難しく、窯も用意できないので家庭で作ることはほとんどありません。ですから夕方頃、近所の主婦が焼き立てのナンを買いに来る姿は日常の光景だったりします。

なにも屋台だからと言って食事系のお店だけではありません。サトウキビのジュースやココナッツウォーターを売る店など、さまざまなジャンルの屋台が存在します。その中でもダントツに多いのがチャイ屋さん。どの町に行っても必ずあるのがチャイの屋台です。疲れた体に甘くてこってりしたチャイが癒しになるので、朝夕は地元の人であふれかえっています。安くておいしいので、僕もインドを訪れている時は毎日と言っていいほど屋台のチャイをいただいております。

インドのマルシェ

マルシェとは市場やマーケットのこと。それは大なり小なりあって、日本でいう豊洲市場のような巨大なマーケットも存在します。首都であるニューデリーのＩＮＡマーケットなど、たくさんの人口を支える町では、その大きな胃袋を満たすために必要な量を賄わなければなりません。

マーケットの中は食品雑貨屋さん、スパイス屋さんにお菓子屋さんなど、食にまつわるありとあらゆる品物を置く店が多数存在します。また青果市場も同じエリアに並び、果物や野菜を積んだ商店もずらりと軒を連ねています。いつも不思議なのですが、野菜を高く積み上げるあの技術もさることながら、一番下に置かれている野菜はいつ売られていくのか……、謎です。

奥の方へ進んで行き、アーチをくぐった向こう側は畜産エリアへと変わっていきます。ここでは生きた鶏が籠に入れられ、その場でさばき売られていきます。ヤギの肉は解体されて上からつるされており、新鮮な物を目利きして選んでいきます。スーパーで買うのとは違うのであたりまえですが、ここは生産者の直売。ですからお肉はとても新鮮で、じっくり煮込んでカレーにするととても柔らかく仕上がります。そしてなんと言っても、ヤギやマトンのお肉が全然臭くないのです。マトン嫌いの人も食べられるようになるかもしれません。

料理人としてマーケットをあれこれ考えながら歩くのは、非常に楽しいひと時です。もしあなたが観光で訪れたのなら、お土産用に紅茶の葉っぱやスパイスなど探してみると面白いかもしれませんね。

インド料理のためのスパイス図鑑

本書で使用するスパイスを紹介します。よく使うスパイスは大きく、ていねいにご説明。登場回数の少ないスパイスは小さく紹介しているので、買い揃えるときの目安にどうぞ。

■ホールスパイス 北インド

ベイリーフ

シナモンの葉を乾燥させたもので、爽やかな香りが肉の臭み消しに効果的。日本でベイリーフやローリエ、月桂樹の名で出回るものと別種（→ p.122）。区別して「インディアンベイリーフ」とも呼ばれる。油で炒めて香りを引き出すときは焦がさないように。

カルダモン

ショウガ科の多年草。完熟する前の実を乾燥させたもの。すーっと爽やかな芳香と、ピリッとした辛み、ほのかな苦みが特徴。油で炒めてぷっくりふくれたら香りが立ったサイン。噛むとビリビリとした刺激があるので注意すること。甘みと相性がよい。

シナモン

クスノキ科のシナモンやカシアの樹皮を乾燥させたものが一般的。肉桂、桂皮ともいう。不揃いな皮片や皮を細く巻いた状態（シナモンスティック）でも出回る。爽やかでほのかに甘い香り。本書では皮片2片＝スティック1本とし、どちらを使ってもよい。

クローブ

フトモモ科の花のつぼみを乾燥させたもの。独特の強く甘い芳香で、肉の臭み消しに効果抜群。甘い香りとは逆に、噛むと刺激的な苦みと辛みがあるので、料理に入っていても食べないように。少量で効果的ゆえに味に影響が出やすく、分量を守って使う。

●パウダースパイス すべて南北共通

クミン

種子を乾燥させたもの（クミンシード）を粉状にしたもの。詳細はホールスパイスの項を参照。

コリアンダー

南北ともに登場回数 No.1 のパウダースパイス。コリアンダー（香菜）の種を乾燥させて粉末にしたもの。葉ほど個性が強くなく、やや甘みのある穏やかな香りはインド人も大好き。たっぷり使っても味に影響が出にくいので、多めに購入しても使いきれる。

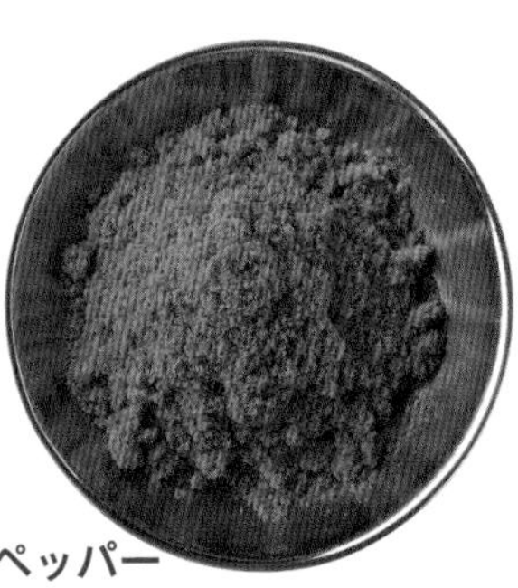

カイエンヌペッパー

唐辛子（日本で出回る赤唐辛子とは別種）を完熟、乾燥させて粉末にしたもので、甘酸っぱい香りと辛みが特徴。チリペッパーとも呼ばれる。唐辛子の中でもスパイスに適した辛みと風味をもつ品種から作られ、1種とは限らない。チリパウダーとは別物。

パプリカ

辛みのない唐辛子（パプリカ）を完熟、乾燥させて粉末にしたもの。甘酸っぱさを感じる香りとかすかな苦みがあるが、見た目と違って辛くない（メーカーによっては辛いことも）。色素が油に溶けやすく、加熱しても色が鮮明なので、色づけにも使われる。

撮影／髙橋栄一
西山 航（世界文化ホールディングス）
デザイン／熊谷元宏（knvv）
取材・構成／井伊左千穂
校正／株式会社 円水社
編集部／原田敬子

本書は、『「ナイルレストラン」ナイル善己のやさしいインド料理』（2014年小社刊）に新規レシピとエッセイを加えて編集したものです。掲載している情報は、2024年2月15日現在のものです。

＼完全版／
「ナイルレストラン」ナイル善己のやさしいインド料理

発行日　2024年3月25日　初版第1刷発行

著　者　ナイル善己
発行者　竹間 勉
発　行　株式会社世界文化ブックス
発行・発売　株式会社世界文化社
〒102-8195
東京都千代田区九段北4-2-29
電話　03-3262-5118（編集部）
03-3262-5115（販売部）
印刷・製本　株式会社リーブルテック
DTP 製作　株式会社明昌堂

ISBN 978-4-418-23303-8

あれば、より本格的な味！

■ホールスパイス

フェンネルシード

アニスによく似た甘い香りで、やや苦みがある。魚料理と相性がよい。食後の口直しや消化促進を助ける働きがあり、噛むとほんのり甘みがある。

カレーリーフ

名の通りカレーの香りと、柑橘系の爽やかな香りを持ち合わせるスパイス。南インドやスリランカでは欠かせないもので、基本的に生を使用する。乾燥は生に比べて香りが弱いので、夏に手に入ったらぜひ生を。苗や苗木から育てることも可能（→p.122）。

フェヌグリークシード

マメ科の植物で、インドではメティと呼ばれる。さやに黄褐色の不揃いの粒が10 ～ 20 粒入っている。いかにもカレーらしい香りで、野菜や豆と相性がよい。

カスリメティ

フェヌグリークの葉を乾燥させたもの。左記のシードと同じく独特の甘い香りがする。手で押すようにして香りを立たせ、料理の仕上げ、または軽く煮込む前に混ぜて使う。

お米料理に使用するリッチなスパイス

サフラン

サフランの雌しべを乾燥させたもので、高価なスパイスとして知られる。特有の甘い香りがし、少量でも鮮やかな黄色に染まる。パエリアに用いることでも有名。

南インド料理に欠かせない酸味の正体

タマリンド

マメ科の高木で、樹上で熟して茶色くなったさやを料理に使う。レモンや梅干しのような酸味が特徴。日本では熟果をかたまりにして密閉したものが手に入る。

あれば、より本格的な味！

●パウダースパイス

クローブ

フトモモ科の花のつぼみを乾燥させて粉状にしたもの。詳細はホールスパイスの項を参照。ホールスパイスに比べてパウダーは使用頻度が低い。

フェヌグリーク

マメ科の植物の種子を粉状にしたもの。詳細はホールスパイスの項を参照。

ヒン

樹液を固め、粉状にして作る。硫黄やドリアンのような強烈な香りで、密閉保存が必要。火を通すと玉ねぎのような甘い香りに変わり、料理に深みが出る。

南インド

赤唐辛子

完熟した唐辛子を乾燥させたもの。イタリアンや中華では刻んで加えることが多いが、インド料理ではそのまま油で炒めて、辛みと香りを移して使う。油で炒めたものは発色がよいので、飾りとしても使える。南インドのテンパリング（→p.17）に不可欠。

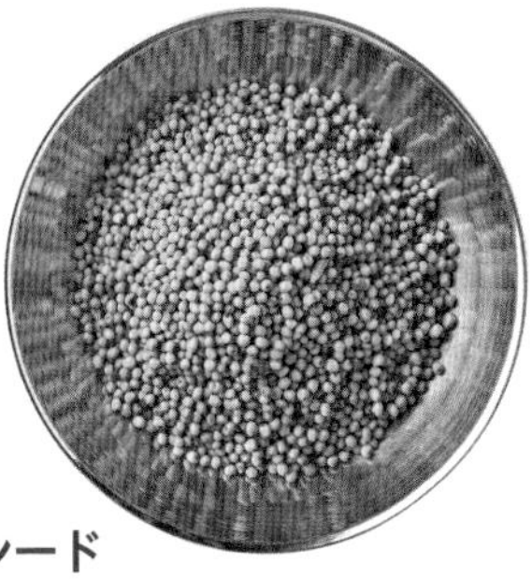

マスタードシード

からし菜の種。ほのかな苦みと辛みがある。油で炒めるとはねるので、まず最初に油に入れて蓋をし、はねがおさまったら残りの材料を加える。香ばしい香りが全体の味わいの引き締め役に。ブラウンなど数色あり、本書ではイエローを使用。お好みでよい。

南北共通

黒こしょう

こしょうの実を完熟前に収穫し、乾燥させたもの。皮を除いて乾燥させる白こしょうに比べ、香りも刺激も強い。一般には塩と一緒にあらゆる料理に使うが、インド料理ではあくまでもスパイスのひとつ。そのため登場回数は限られ、そう多くはない。

クミンシード

セリ科の一年草の種子を乾燥させたもので、インドではジーラと呼ばれる。食欲を刺激するいかにもカレーらしい香り。ほのかに苦みと辛みがあり、バランスがよいので、スパイス初心者にも使いやすい。油で炒めて周囲から泡が出たら、香りが出たサイン。

ターメリック

ショウガ科の多年草の根を加熱、乾燥させて粉末にしたもの。鮮やかな黄色は着色力が強く、カレーの黄色もこのスパイスによるもの。土っぽい香りと苦みがあり、少量でも強く香るだけに、使用量にはご注意を。日本では秋ウコンの名で有名。

ガラムマサラ

インド料理に欠かせないミックススパイス。辛みはほとんどなく、風味づけに使用される。クローブ、カルダモン、シナモンを基本材料とし、クミン、コリアンダーを加えることが多い。しかしスパイスの種類や割合に特別決まりはなく、さまざまな配合のものがある。

カルダモン

完熟前の実を乾燥させ、さやから取り出した種を粉状にしたもの。詳細はホールスパイスの項を参照。

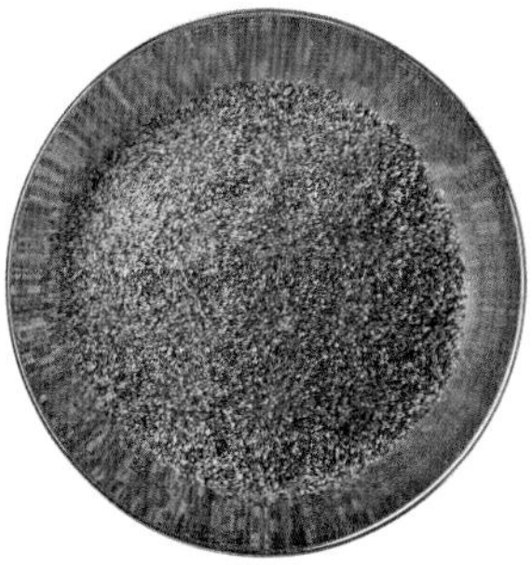

黒こしょう

完熟前のこしょうの実から種子を取り出し、乾燥させて粉状にしたもの。詳細はホールスパイスの項を参照。

ナイルレストランについて

東京・銀座、歌舞伎座の近くにある、日本最古の本格的インド料理店。1949年にインド独立運動家のA.M.ナイルが開き、現在は3代目のナイル善己へと受け継がれています。

お店の目印は、タージ・マハールをデザインした「印度料理専門店　ナイル レストラン」の看板と、レトロなロゴが印されたドア。店には一日中途切れなくお客さんが出入りしています。そのほぼ9割が注文するのが、半世紀以上続く店の名物「ムルギーランチ」。夜のおまかせコースでは、初代の出身である南インドの料理が堪能できます。

住所 / 東京都中央区銀座 4-10-7
電話 / 03-3541-8246
営業時間 / 11：30 ～ 21：30（平日、土曜日）
11：30 ～ 20：30（日曜日、祝日）
定休日 / 火曜日、第1・第3水曜日